本教材出版另受"网络营销、艺术设计人才培养校外实践教育基
院——浙江大唐袜业城有限公司电商直播创业实践教育基地"及
电子商务应用型创新创业人才培养课程群"等项目经费共同资助

浙江省普通高校"十三五"新形态教材

袜艺产业 电商直播实训教程

张哲 赵锋 ◎ 编著

中国财经出版传媒集团
经济科学出版社
Economic Science Press

图书在版编目（CIP）数据

袜艺产业电商直播实训教程/张哲，赵锋编著. —北京：经济科学出版社，2021.6
 ISBN 978-7-5218-2603-6

Ⅰ.①袜… Ⅱ.①张…②赵… Ⅲ.①袜子-服装工业-网络营销-高等学校-教材 Ⅳ.①F426.86

中国版本图书馆 CIP 数据核字（2021）第 117079 号

责任编辑：周国强
责任校对：齐　杰
责任印制：王世伟

袜艺产业电商直播实训教程
张　哲　赵　锋　编著
经济科学出版社出版、发行　新华书店经销
社址：北京市海淀区阜成路甲 28 号　邮编：100142
总编部电话：010-88191217　发行部电话：010-88191522
网址：www.esp.com.cn
电子邮箱：esp@esp.com.cn
天猫网店：经济科学出版社旗舰店
网址：http：//jjkxcbs.tmall.com
北京季蜂印刷有限公司印装
787×1092　16 开　12.25 印张　240000 字
2021 年 6 月第 1 版　2021 年 6 月第 1 次印刷
ISBN 978-7-5218-2603-6　定价：48.00 元
（图书出现印装问题，本社负责调换。电话：010-88191510）
（版权所有　侵权必究　打击盗版　举报热线：010-88191661
QQ：2242791300　营销中心电话：010-88191537
电子邮箱：dbts@esp.com.cn）

前　言

中国互联网络发展状况统计报告数据显示，截至 2020 年 12 月，国内网络直播用户规模已达 6.17 亿，电商直播用户规模为 3.88 亿，在电商直播中购买过商品的用户已经占到整体电商直播用户的 66.2%。网络直播从业人员数量、市场规模正在快速壮大，预计至 2025 年将达到 3826.6 亿元，我国直播行业相关企业数量将达到 7 万家。2020 年 7 月 15 日，国家发展改革委等 13 个部门联合发布《关于支持新业态新模式健康发展激活消费市场带动扩大就业的意见》，明确鼓励发展新个体经济，支持微商电商、网络直播等多样化的自主就业、分时就业，大力发展微经济，鼓励"副业创新"。

网络直播带来的巨大消费场景不仅拓展了传统产业的营销渠道，也带来互联网平台"个体经济"的就业趋势，"网络主播"被纳入很多人的职业选择。面对互联网平台的日新月异，网民对网络内容的需求更迭，需要新个体经济的参与者拥有新思想、新观念、法律意识与道德责任感，甚至具备一定的新技术，才能适应和把握新个体经济时代的机遇。高校电子商务专业在校大学生身为社会未来的新个体经济者，更应该站在电商、网络直播的风口，勇于学习网络直播方面的理论知识与技能，才能真正践行"大众创业、万众创新"国家战略。

本教材是我国开展高等教育新文科改革的实践类教材，其以国家高等教育理念为指导，以产学研平台做支撑，以"十三五"省级大学生校外实践教育基地、省级一流课程及校级应用型课程群等教学建设项目为抓手，充分体现了编者对新时代应用型本科院校新商科人才培养模式改革的探索。袜艺产业属于浙江省经济发展八大产业之时尚产业，本教材与该产业发展相结合，紧扣袜艺产业电商直播主题，符合应用型本科高校人才培养的定位，还具有一定的浙江特色，适用于高校袜艺产业电商直播课程实践教学及从事袜艺产业电商直播创业者学习与参考。

本教材为利用互联网信息技术开展线上与线下混合式教学相结合的新

形态教材。线上平台以超星学习通平台为主，与课程教学相关的课件，知识拓展的音频、视频，袜艺产业电子商务发展相关案例等素材均将存储在超星学习通平台之上，且动态更新。另外，教材中相关二维码对应的各类素材内容同时存储在出版社的微信平台中，供教学过程中师生在移动端扫描二维码使用。

  本教材编写过程中得到了诸暨市袜业协会及相关会员企业的大力支持；参考了国内多位专家、学者及同行的学术著作、教材和案例资料；引用了一些作者的网络文献；吴慧玲、王颖苗、季丹萍、黄佳璇、王悦、陈志豪等同学参与了相关章节的编写。在此，对大家表示崇高的敬意和衷心的感谢！由于编者水平有限，错漏之处在所难免，敬请广大读者批评指正。

编者

2021 年 2 月 26 日于诸暨

目　录

项目一　袜品认知 /1

　　项目描述　/1

　　项目分析　/1

　　项目目标　/1

　　任务一　认识袜品　/3

　　任务二　区分袜品的结构与分类　/7

　　任务三　识别袜品原料种类及特征　/12

　　任务四　认识袜品的原料结构及其组合　/16

　　项目小结　/18

　　复习与讨论　/18

　　项目实训　/18

　　参考文献　/18

　　本项目课件　/19

项目二　袜艺产业发展概况　/21

　　项目描述　/21

　　项目分析　/21

　　项目目标　/21

　　任务一　了解国内外袜艺产业发展历程与现状　/23

　　任务二　了解袜艺产业电商国内市场现状　/28

　　项目小结　/36

　　复习与讨论　/36

　　项目实训　/36

　　参考文献　/36

　　本项目课件　/37

项目三 直播电商认知 /39

项目描述 /39

项目分析 /39

项目目标 /39

任务一 对直播电商、电商主播的认知 /41

任务二 国内直播电商行业发展现状 /44

任务三 了解袜艺产业直播电商案例 /50

项目小结 /51

复习与讨论 /52

项目实训 /52

参考文献 /52

本项目课件 /53

项目四 袜品电商直播准备 /55

项目描述 /55

项目分析 /55

项目目标 /55

任务一 熟悉袜品电商直播抖音账号开通与设置操作 /57

任务二 了解直播选品 /73

任务三 熟悉抖店创建商品操作 /76

项目小结 /81

复习与讨论 /81

项目实训 /81

参考文献 /82

本项目课件 /82

项目五 短视频创意与制作 /83

项目描述 /83

项目分析 /83

项目目标 /83

任务一 了解短视频概念及作用 /85

任务二 熟悉短视频创意与制作步骤 /91

项目小结 /105

复习与讨论 /105

项目实训 /105

参考文献 /106

本项目课件 /106

项目六　袜品电商直播脚本及直播话术设计　/107

项目描述　/107

项目分析　/107

项目目标　/107

任务一　认识电商直播脚本　/109

任务二　了解电商直播常用话术　/112

任务三　袜品电商直播脚本及直播话术设计案例剖析　/115

项目小结　/121

复习与讨论　/121

项目实训　/121

参考文献　/123

本项目课件　/123

项目七　袜品电商直播粉丝互动营销　/125

项目描述　/125

项目分析　/125

项目目标　/126

任务一　了解电商直播活动效率的影响因素　/127

任务二　熟悉电商直播互动营销存在的不足之处　/131

任务三　了解袜品直播粉丝互动营销策略　/134

项目小结　/139

复习与讨论　/139

项目实训　/139

参考文献　/139

本项目课件　/140

项目八　抖音直播后台管理　/141

项目描述　/141

项目分析　/141

项目目标　/142

任务一　熟悉订单管理功能　/143

任务二　熟悉售后管理功能　/147

任务三　熟悉物流管理功能　/150

任务四　熟悉数据分析功能　/153

项目小结　/160

复习与讨论　/160

项目实训　/160

参考文献 /160

本项目课件 /160

项目九 电商直播实训教育 /161

项目描述 /161

项目分析 /161

项目目标 /161

任务一 了解电商直播行业职业 /163

任务二 了解不同群体对电商直播及主播角色的认知 /165

任务三 了解主播直播行为规范 /168

项目小结 /177

复习与测试 /178

项目实训 /181

参考文献 /181

本项目课件 /182

附录 /183

项目一

袜品认知

📋 项目描述

袜品网络营销需要营销人员首先全面、深入地了解袜产品。本项目从认识袜品入手,通过相关学习活动内容及形式,让读者较系统、全面地了解袜品是什么、袜品有哪些类型、袜品是由什么材料制成的、袜品材料成分及结构等知识。

📋 项目分析

为达到预定的实训教学效果,本项目设计了认识袜品、区分袜品结构与分类、识别袜品原料种类及特征、认识袜品原料结构及其组合等四个主要实训任务。

📋 项目目标

知识目标

- 了解袜子与服装的关系。
- 掌握袜品的结构。

- 掌握袜品分类方法。
- 掌握袜品的款式。
- 掌握袜品原料类型。
- 了解袜品原料结构。

能力目标

- 能通过对各种袜品样品的观察和调研，明确袜品的结构与分类。
- 能撰写袜品调研报告，并进行讨论。
- 通过对各种袜品原料的观察和调研，能分析袜品原料的特点、熟悉袜品的原料。
- 能撰写袜品原料的调研报告，并进行讨论与评价。

育人目标

- 让读者从袜子由古到今的演变中深刻领悟发明者及从业者的创新创业精神。

任务一

认识袜品

一、袜品的诞生

据考证，我国缝制袜子的工艺至少已有三四千年以上的历史，夏朝（约公元前21世纪~公元前17世纪）就出现了最原始的袜子。东汉时期的袜子，用彩色锦缎制成，造型简洁，有点像现在的无跟袜；宋代妇女的袜子，造型独特，袜头部向上弯而且尖；明清以后的袜子使用更加普遍，袜子的材料因季节而改变，春秋以布袜为主，冬季以绒袜、毡袜为主，夏天多穿暑袜，以薄棉麻织物制作。

扫一扫

汉代绛紫绢袜

在西方，袜子最早出现在古罗马，古代罗马城的妇女在脚和腿上缠着细带子，这种用皮革束腿带和用麻或毛纺织物缝制的类似于袜子的装束便是西方最原始的袜子。直至中世纪中期，欧洲也开始流行这种袜子。

二、袜品的发展

袜品的发展是一段浓缩了科技与人类需求的历史。手工到机织是袜子的第一次飞跃。最早的编织袜子诞生于15世纪，当时的袜子生产还不得不依赖于手工。16世纪末，英格兰的一位牧师发明了一种机械编织机，从而彻底改变了袜子手工制造的历史。随着科技的发展，设计师们运用娴熟的技术，在现代袜品的设计上进行积极而富有成效的探索。

扫一扫

现代编织机的起源

（一）袜机的出现对袜品市场的推动

早期的针织编织方法是采用棒针手工编织，这种做工方式速度慢、效率低，在16世纪初已经越来越不适应大生产的需要。1589年，英国牧师威廉·李（William Lee）设计了一种手动脚踏、用弹簧钩针进行编织的机器，这台袜机每分钟能编织500个线圈，为当时英国针织手工编织速度最快的女工生产量的5倍；该机器是现代编织机器的雏形，奠定了现代编织和针织工业的基础。1890年，斯科特（Scott）和威廉姆斯（Williams）发明了自动无缝袜机，这种机器可以自动成形生产出符合腿形的立体的丝袜，最重要的是那条长长的缝纫线迹在丝袜上消失了。20世纪50年代初期，无缝丝袜开始流行起来。

（二）尼龙的发明对袜品设计的影响

随着科学技术的不断发展，出现了品种繁多、精度越来越高的针织设备，无缝技术也早已应用在织袜工业上。1937年，杜邦公司的一位化学师偶然发现煤焦油、空气与水的混合物在高温融化后能拉出一种坚硬、耐磨、纤细的细丝，这就是后来广为人知的尼龙纤维。当人们将这项发明运用到丝袜的制造上时，女人们的"腿上革命"便开始了。尼龙的发明，使女性的着装发生了根本的变化。1939年，用尼龙纤维制成的丝袜在纽约一经亮相，就吸了女人们对尼龙丝袜的抢购狂潮，因为她们发现穿上尼龙丝袜的双腿变得更加结实和富有光泽，成为性感和时髦的象征，尼龙丝袜成为所有女性追逐的对象，当年美国人就抢购了640万双尼龙袜，尼龙的出现引起了袜艺产业的革命。

（三）不同时代袜品展现的特色

尼龙丝袜的发展无疑是袜子历史中的一个里程碑，但在享受尼龙带来的丝袜革命的同时，女性们发现尼龙丝袜存在的最大的缺陷就是缺乏弹性。于是纱线生产商们又开始苦思冥想地寻找解决良方。1959年，杜邦继尼龙纤维后，再次向世界贡献了一种具有优良弹性的人造纤维产品——莱卡。1970年起，莱卡被正式运用到丝袜和连裤袜的生产中。

20世纪60年代末70年代初，迷你裙的诞生掀起了一场服装革命。街上的女孩们穿着长度只到大腿上部的迷你裙，迷你裙的出现催生了另一个重要的发明——连裤袜。连裤袜一经诞生，就迅速占据了70%的丝袜市场份额，直到现在，连裤袜也是丝袜市场中的主力军。

自20世纪80年代以来，女性服装呈现出极度性感、奢华和妩媚的趋势，尤其是女性的晚装，低胸、高开衩的运用极其普遍，于是丝袜也成了晚装配饰中不可缺少的一部分。此外，由于高科技弹性纤维的运用，带动了丝袜编织工艺的改进，复杂的提花及精工蕾丝、生动的条纹和鱼网纹，甚至金属线和炫目的人工钻石，都可以成为丝袜表现时尚的主题；粉红、浅黄、暗绿，多种多样的色彩给了热爱时尚的女性更多选择。

通过回顾历史，我们可以看到从早期使用布匹作为袜品的缝制原料到编织机的发明推动了编织技术在袜品上的运用，以及随着科技的不断创新和人们审美意识的不断提高，袜品的编织原料和设计手法也在不断地更新。

三、袜品与服饰搭配

袜子是人类服饰中不可缺少的部分，袜子与服装合理搭配才能使人穿出健康和优美的姿态。

（一）与服装色彩的协调

作为鞋与服装的过渡色，在袜子色彩的选择上不仅要兼顾上下服装的色彩，还要考虑鞋的色彩。袜子的颜色向上装看齐，鞋的颜色向下装看齐，是不会出错的基本配色原则。另外，袜子的颜色应该略浅于鞋的颜色，否则会有头重脚轻的感觉。身材高挑、腿部修长的女性，在穿着袜子时禁忌较少，适合穿着色彩鲜艳的丝袜；白丝袜与白鞋容易令人看上去又胖又矮，如果身材不够"魔鬼"就不要轻易尝试；上班族最好不要穿着彩色丝袜，它会令人感到轻浮，缺乏稳重之感；职业女性应倾向于穿着净色丝袜，深色服装应配深色丝袜，浅色服装则配浅色丝袜。具体来讲，铁灰、蓝灰彩袜适合配灰裙，黑色裙要配黑色袜，深蓝色裙适宜搭配紫色、蓝灰色袜子。而且鞋子的颜色要在一个色系内，穿了灰、黑、深蓝色系的裙子，就不能再搭配咖啡色的鞋。最具时尚感、现代感的墨绿、紫红以及由浅到深的褐色袜子，可倍显高雅；铁灰、深紫、森林绿属于稳重色，既富有成熟感，又不失女性魅力；墨绿、绛黄、土黄等彩袜，则最适合搭配短裙。

男士的袜子搭配方法，白色和浅色的纯棉袜用来配休闲风格的衣裤和便鞋。男士穿正装时，应确保袜子的长度不至于在坐下时露出腿部的皮肤，因此长度在达小腿肚以下部分为宜。颜色方面应尽量挑不醒目的浅颜色，以黑色、棕色或藏青色等中性色为佳，具体宜选与长裤相配或相近并且比长裤深的颜色。男袜的颜色与西装相配是最时髦也最简单的穿法，例如，灰西装配灰色袜子、海军蓝色西装配海军蓝色袜子、米色西装则应配较深的茶色或棕色袜子等。

（二）与服装材质和款式的协调

服装材质是服装材料与其表面质地的简称。服装材质是服装设计的根

扫一扫

袜品与服饰搭配

本，也是诠释服装风格、左右服装色彩、造型表现效果的最直接体现。在服装大世界里，服装的面料五花八门，日新月异，但从总体上来讲，优质、高档的面料，大多具有穿着舒适、吸汗透气、悬垂挺括、视觉高贵、触觉柔美等几个方面的特点。柔软型面料一般较为轻薄、悬垂感好，造型线条光滑，服装轮廓自然舒展。挺爽型面料线条清晰有体量感，能形成丰满的服装轮廓。光泽型面料表面光滑并能反射出亮光，有熠熠生辉之感。厚重型面料厚实挺括，能产生稳定的造型效果，具有形体扩张感，透明型面料质地轻薄而通透，具有优雅而神秘的艺术效果。

常见的袜子原材料有棉（精梳棉、丝光棉）、氨纶（莱卡）、锦纶（尼龙）、腈纶、丙纶、涤纶、黏胶（天丝、莫代尔）、竹纤维、麻等。丝光棉比普通的棉纤维光泽度更好、手感更滑润，而且较不易起皱，通常在夏季的薄款袜子中经常可见；麻纤维柔软强韧，高支高密的麻织品富有光泽且耐磨损，散热性能好、透气性好、具有天然的抗菌和抑菌功能，吸湿排汗的性能比棉和化纤都要优越，常给人一种"干爽"和"凉快"的感觉；竹纤维袜子以其良好的透气、抗菌等性能成为夏季袜品的首选；在袜子的成分中加入莫代尔，能够使其整体手感更加柔软舒适，因此莫代尔袜子也是非常流行的一种袜品；冬季一般选尼龙袜、毛巾袜，原料选棉纱或混纺、棉尼交织、羊毛等。

如果衣着过于纷繁复杂，袜子就应该简单、清爽；而裁剪简单及颜色明净的衣装，则应搭配略带细致花纹的袜子；穿着晚装时，可搭配背部起骨的丝袜，但切记注意不可将背骨线扭歪。一般情况下，丝袜的长度必须高于裙摆的边缘，且留有较大的余地。当穿迷你裙或开衩较高的直筒裙，则宜选配连裤袜；穿短裙配长靴时，应该搭配颜色靓丽的袜子；穿短裙配浅口鞋时，宜穿舒适又富有弹性的天鹅绒丝袜；而穿长裙长靴时，可以考虑穿着袜口带花边的袜子，在靴筒口露一些袜色；长裙搭配浅口鞋时，如果穿上一双花边或黑色网袜则既浪漫又有个性；而短裤搭配浅口鞋可以选择中等长度的网袜，但要注意袜子颜色和长度与服装的协调性，否则很影响视觉效果。单从袜子和鞋的搭配角度来说，穿高跟鞋的女性最好搭配薄型丝袜，鞋跟越高则袜子就应越薄，以图案细小或透明为宜；大花图案和不透明的丝袜则最宜配平底鞋。

任务二

区分袜品的结构与分类

一、袜品的结构

袜子的种类虽繁多，但其组成部分大致相同，通常由袜口、袜筒、袜跟、袜脚、加固圈及袜头等几部分组成。袜子的结构如图1.1所示。

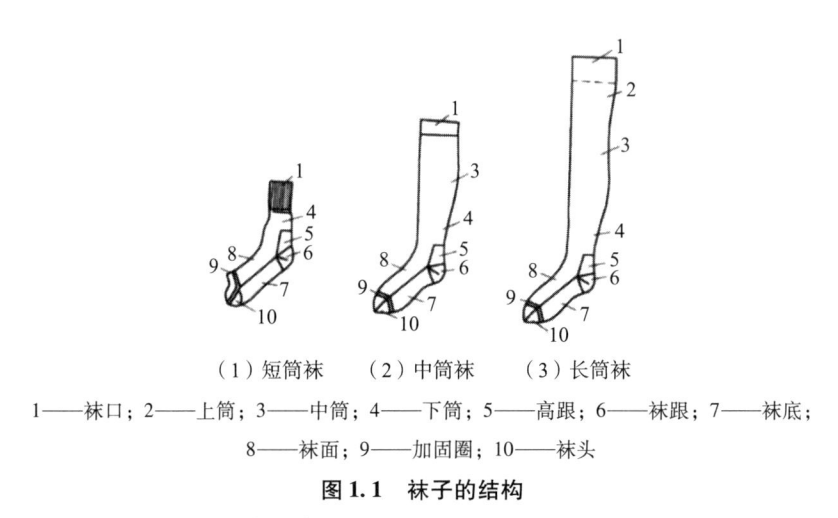

（1）短筒袜　（2）中筒袜　（3）长筒袜

1——袜口；2——上筒；3——中筒；4——下筒；5——高跟；6——袜跟；7——袜底；
8——袜面；9——加固圈；10——袜头

图1.1　袜子的结构

资料来源：袜子和组织结构设计［EB/OL］．https：//wenku.baidu.com/view/d3f2a68ee55c3b3567ec102de2bd960591c6d930.html。

袜口1：使袜边不致脱散又不卷边，并紧贴在腿上。

袜筒2、3、4：分长、中、短3种，又称为上筒、中筒、下筒，其形状必须符合腿形。

高跟 5：属于袜筒部段，但不是袜跟，该部段在穿着时与鞋摩擦，所以在编织高跟部段加入一根加固线，以增加其坚牢度，现在大多数袜品一般不织高跟。

袜跟 6：适合脚跟形状，织成袋形，需要加固以增加耐磨性。

袜底 7：即脚底部分。

袜面 8：即脚背部分。

袜面与袜底统称袜脚，袜脚的长度决定袜子的大小尺寸（袜号）。

加固圈 9：用以增加袜子的牢度，俗称过桥袜头。

袜头 10：袜子脚趾头部位。

二、袜品的款式

袜类产品的款式可分为有袜头袜跟、无袜头袜跟、连裤和缝制四大类。

（一）有袜头袜跟的袜类产品

有袜头袜跟的袜类产品就是既有袜头又有袜跟的袜子。它们在款式上的区别主要是袜筒长短不同、袜口形式及袜头形式不同，如图 1.2 所示。

扫一扫
有袜头袜跟袜

(a) 船袜（Y跟）　(b) 短筒袜　(c) 中筒袜　(d) 长筒袜　(e) 翻口袜

(f) 宽口袜　(g) 泡泡口袜　(h) 花边罗口　(i) 直口袜

图 1.2　有袜头袜跟袜

资料来源：聂文圣. 袜子基本知识课件［EB/OL］. https：//wenku. baidu. com，2020 – 08 – 06。

（二）无袜跟的袜类产品

无袜跟的袜类产品就是在织袜程序中去掉了袜跟编织过程而形成的产品，主要有：二骨袜（对对袜）、三骨袜、四骨袜、航空袜、无跟五趾袜、部分医疗保健袜、部分脚套腿套等。在这类产品中，袜头可以是织出的，也可以是缝制成形的，如图 1.3 所示。

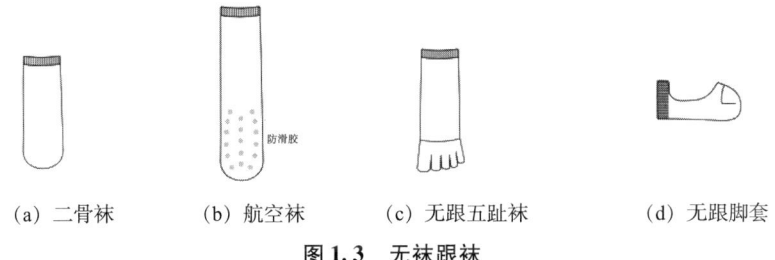

(a) 二骨袜　　　(b) 航空袜　　　(c) 无跟五趾袜　　　(d) 无跟脚套

图 1.3　无袜跟袜

资料来源：聂文圣. 袜子基本知识课件［EB/OL］. https：//wenku. baidu. com，2020-08-06。

（三）无袜头的袜类产品

无袜头的袜类产品就是在织袜程序中去掉了袜头编织过程而形成的产品，主要有露趾袜、露趾裤、有跟脚套、有跟腿套等，如图1.4所示。

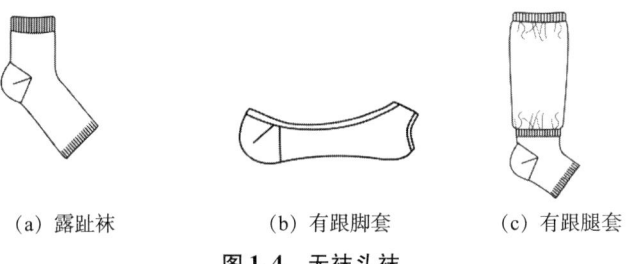

(a) 露趾袜　　　(b) 有跟脚套　　　(c) 有跟腿套

图 1.4　无袜头袜

资料来源：聂文圣. 袜子基本知识课件［EB/OL］. https：//wenku. baidu. com，2020-08-06。

（四）无袜头袜跟的袜类产品

既无袜头又无袜跟的袜类产品就是在织袜程序中去掉了袜跟和袜头编织过程而形成的产品，如护腕、袖套、腿套等，如图1.5所示。

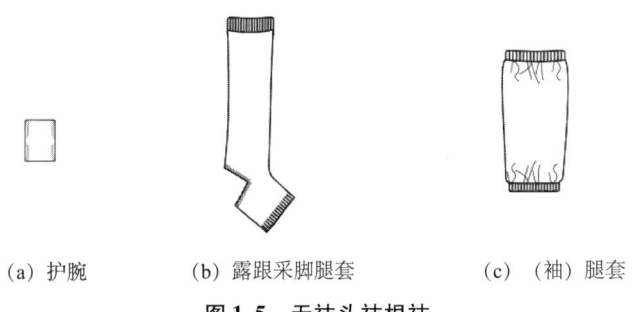

(a) 护腕　　　(b) 露跟采脚腿套　　　(c) （袖）腿套

图 1.5　无袜头袜根袜

资料来源：聂文圣. 袜子基本知识课件［EB/OL］. https：//wenku. baidu. com，2020-08-06。

（五）连裤类袜类产品

连裤类袜类产品是指主体织物在袜机上生产的连裤类产品，主要有连裤袜、九分裤、七分裤、五分裤等，其中又有不加裆、单面加裆、双面加裆、T形裆、三角裆、菱形裆、裆部开孔、臀部开孔等不同款型，如图1.6所示。

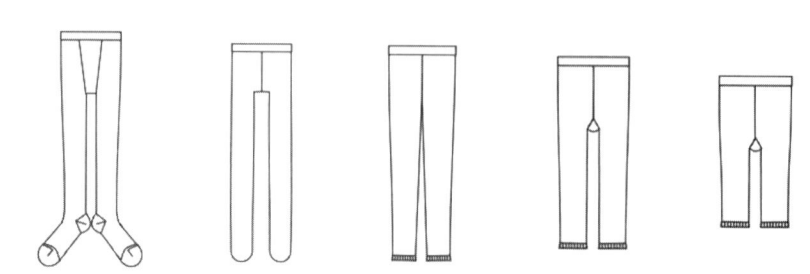

扫一扫

连裤袜

(a) 加裆棉袜连裤袜　(b) 丝袜连裤袜　(c) 九分裤　(d) 三角裆七分裤　(e) 菱形裆五分裤

图1.6　连裤类袜

资料来源：聂文圣. 袜子基本知识课件［EB/OL］. https：//wenku. baidu. com，2020-08-06。

（六）缝制类袜类产品

缝制类袜类产品的主体织物不一定在袜机上生产，但用途属于袜子类，比如缝制脚套、分趾袜、缝制五趾袜等，如图1.7所示。

(a) 缝制脚套　　　　(b) 分趾袜

图1.7　缝制类袜

资料来源：聂文圣. 袜子基本知识课件［EB/OL］. https：//wenku. baidu. com，2020-08-06。

三、袜品的分类

袜品的种类很多，可以根据袜筒的长度、袜口种类、使用对象、用途以及款式等来分类。

（一）根据袜筒的长度分类

根据袜筒的长度一般分为长筒袜（四骨袜）、中筒袜（三骨袜）、短筒袜（二骨袜）、船袜（超短筒）及无筒袜；连裤袜是由长筒袜缝合而成。

（二）根据袜口种类分类

根据袜口种类可分为户口袜、罗口袜和橡口袜。

（三）根据使用对象分类

根据使用对象可分为男袜、女袜、童袜三大类。

（四）根据用途分类

根据用途可分为普通袜、运动袜、医疗（保健）袜、地板袜、航空袜、劳保（防护）袜、芭蕾舞袜、冰上运动袜、护腕、头套、腿套等。

（五）根据款式分类

根据款式可分为脚套（俗称隐形袜）、船袜、短筒袜、中筒袜、长筒袜、过膝袜、连裤袜、五分裤、七分裤、九分裤、露趾袜、五趾袜、二趾袜等。

（六）根据组织结构或花型分类

根据组织结构或花型可分为素（平板）袜、抽条（罗纹）袜、网眼袜、毛巾（毛圈）袜、横条袜、提花袜、绣花袜、凹凸提花（双反面）袜等。

（七）根据原料分类

根据原料可分为天然纤维如棉、羊毛、羊绒、兔毛、马海毛、麻、真丝袜类产品；再生纤维如黏胶、莫代尔、天丝、竹纤维；再生蛋白质纤维如大豆纤维、花生纤维，牛奶纤维、玉米纤维及醋酸纤维袜类产品；合成纤维如锦纶（尼龙）、涤纶、腈纶、丙纶、维纶、氨纶等以及化学纤维的衍生产品（差别化纤）如竹炭纤维、空调纤维、甲壳素纤维、珍珠纤维、海藻纤维、镀银纤维袜类产品等。

（八）根据制袜机器及针筒分类

根据制袜机器及针筒可分为单针筒袜、双针筒袜、单针毛巾袜、电脑袜（单针）、电脑双针毛巾袜。

（九）其他分类法

其他分类有平面袜与提花袜，明花、暗花及通花袜，素色袜、彩色袜、鞋袜、裤袜与连身裤袜，跳舞袜、休闲袜、绅士袜、皮鞋袜、圣诞袜、学生袜、运动袜、足球袜、篮球袜、糖果袜、花边袜、公仔袜等。

任务三

识别袜品原料种类及特征

一、植物纤维类

（一）棉

棉具有很好的吸湿性能，按纱织质量的精度可分为精梳丝光棉、丝光棉、精梳棉、半精梳棉及普棉等。精梳棉是用一种名为精梳机的机器去除普通棉纤维中较短的纤维后留下的长且整齐的棉纤维。由于去除了短的棉纤维和其他纤维杂质，用精梳棉纺出的纱较细腻，制成品的手感也较光滑舒适。丝光棉是普通的棉纤维经过在浓碱溶液中进行丝光工艺处理后的棉纤维。

袜用棉纱细度一般为 80^s、60^s、45^s、32^s、21^s 等。"S"表示英制支数，1磅（0.4536kg）的纱线其长度为840码（0.9143m/码）为 1^s；"S"的数值与纱线的粗细成反比，"S"值越高，纱线越细；反之则粗。按纱支的根数或股数可以分为单股纱、双股纱等，分别以 $^s/1$、$^s/2$ 表示，如 $32^s/1$、$32^s/2$ 分别表示32支单股、32支双股。通常，含棉量在75%以上的袜子就可以称为"全棉袜"，一般含棉量在85%袜子就是非常高档的棉袜。

（二）麻

麻纤维柔软强韧，高支高密的麻织品富有光泽，耐磨损，散热性能好，十分适合在夏季穿着。麻具有吸湿透气、抗菌抑菌、低静电等特性，经过厂家精心研制开发，扬长避短使其成为不可多得的袜品原料。

二、动物纤维类

（一）羊毛

羊毛具有弹性好、吸湿性强及保暖性好等特点。羊毛产品柔软且富有弹性，色泽柔和。用羊毛纤维编织的袜子，羊毛的皮质层可以像皮肤一样导出体内湿汗，并将热量牢牢锁在里面，穿着柔软、轻盈、舒适、保暖、透气，成为秋冬佳品。

（二）兔毛

兔毛由角蛋白组成，纤维细长，颜色洁白，光泽好，柔软蓬松，保暖性强。但纤维卷曲少，表面光滑，纤维之间抱合性能差，强度较低，对酸、碱的反应与羊毛大致相同。兔毛纯纺较困难，大多与其他纤维混纺。

三、化学纤维类

（一）锦纶

锦纶又称尼龙（Nylon），其基本组成物质是通过酰胺键连接起来的脂肪族聚酰胺。中国第一家合成这种纤维的是锦州化纤厂，所以就被命名为"锦纶"。锦纶最突出的优点是耐磨性高于其他所有纤维，比棉花耐磨性高10倍，比羊毛高20倍，在混纺织物中稍加入一些锦纶，可大大提高其耐磨性；当拉伸至3%~6%时，弹性回复率可达100%；能经受上万次折挠而不断裂。但锦纶的耐热性和耐光性较差，保持性也不佳。在袜子中加入锦纶目的在于保持高强度的弹性。

（二）腈纶

腈纶柔软、轻盈、保暖、有"人造羊毛"之称。它的重量比羊毛轻10%以上，但强度却大两倍多。腈纶不会发霉，也不会被虫蛀，对日光的抵抗性也比羊毛大1倍，比棉大10倍，但腈纶织物容易起球，耐磨性差。在袜子编织中加入腈纶可提高袜子的轻软保暖的特性。

（三）涤纶

聚酯纤维，俗称"涤纶"，是由有机二元酸和二元醇缩聚而成的聚酯经纺丝所得的合成纤维，简称PET纤维，属于高分子化合物。于1941年发明，是当前合成纤维的第一大品种。聚酯纤维最大的优点是抗皱性和保形性很好，具有较高的强度与弹性恢复能力；具有坚牢耐用、抗皱免烫、不粘毛的特点。

（四）氨纶

氨纶俗称弹性纤维，具有高弹性和强大的伸缩性，其拉伸的长度可以达到原纤维的5~7倍，加入了氨纶的纺织产品保型性良好。袜子的成分里面必须含有氨纶才可能使袜子产生弹力和回缩性，易穿脱，使袜子也更加贴脚，就像游泳衣一样可以紧紧包裹在脚部，不致滑脱。氨纶包芯丝为一根氨纶裸丝外包尼龙丝或涤纶丝，常用规格有20/12D、20/15D、20/30D、20/70D、20/75D、30/70D、30/75D、40/70D、40/75D等，前面的数字表示氨纶的细度，后面的数字则表示尼龙或涤纶的细度，单位"D"表示纤度，指9000米长的纱线的重量克数，数字越大纱线越粗。

（五）丙纶

丙纶是指聚丙烯纤维，其最大的优点是质地轻，但自身吸湿性很弱，几乎不吸湿，所以回潮率接近于零。不过，它的芯吸作用却相当强，能通过织物中的纤维传导水蒸气，所以含有丙纶成分的袜子排汗功能强；由于丙纶的强度非常高，耐磨耐拉伸，所以在运动袜中常会含有丙纶。

（六）黏胶纤维

黏胶纤维是指从木材和植物叶杆等纤维素原料中提取a-纤维素，或以棉短绒为原料，经加工成纺丝原液，再经湿法纺丝制成的人造纤维，分为黏胶长丝和黏胶短纤。黏纤又被称为人造丝，近年来又出现了名为莫代尔、天丝等高档新品种。黏纤的含湿率最符合人体皮肤的生理要求，具有光滑凉爽、透气、抗静电、染色绚丽等特性。在袜子产品中加入黏纤能够使手感变得更加顺滑，并且使织物富有光泽。

四、混纺原料类

（一）涤棉混纺

涤棉纱由涤纶短纤维和棉纤维混纺而成。涤棉混纺产品，通常说的CVC是指棉含量65%以上的产品，棉含量在65%以下的一般叫T/C纱。当前，混纺品种已由65%涤纶与35%棉的比例发展成为65/35、55/45、50/50、20/80等各种不同比例。

（二）腈尼混纺与腈毛混纺

腈尼混纺纱是腈纶和锦纶（尼龙）的混纺，腈毛混纺纱是腈纶和羊毛的混纺。腈纶可化分为棉型腈纶、固体腈纶、膨体腈纶。腈纶具有独特的类似羊毛、手感松软、蓬松性好、保暖性强、染色性能好、色彩鲜艳等特性，以腈纶、锦纶混纺的仿兔毛纱及变性腈纶仿马海毛纱可以与天然兔毛、马海毛媲美。

五、其他原料类

新型材料的研制应用为袜子品种更加丰富提供了拓展空间。为了增加袜子的抗菌性，一些微生物学技术已经运用到裤袜的产品中。1999~2000年，东华大学研制开发了甲壳素系列混纺纱线和织物并制成各种保健内衣、裤袜和婴儿用品。用甲壳质纤维与棉共同编织成的袜子除抗菌、止痒、除臭外，还有良好的透气性和吸湿性，无毒，持久抗菌，无副作用，穿着舒适、方便；其手感柔软舒适、无刺激，对皮肤有很好的养护作用，对过敏性皮炎有辅助医疗功能，并符合绿色纺织品标准，是21世纪新一代的保健针织品。

另有种在夏季穿着的凉爽袜，袜子的纱线附有的微胶囊，在穿着时缓慢释放出药物并渗入皮肤，使脚足感到凉爽；还有通过对纤维进行涂层法或药物处理，使袜子具有祛臭、抗菌、抗辐射功能。袜品市场的新宠超薄型天鹅绒袜，采用比发丝还轻柔的高科技超细纤维全弹性丝织造，质感绵密细致，触感细滑如丝，晶莹透明，具有良好的透气性。

任务四

认识袜品的原料结构及其组合

一、袜品的原料结构

普通袜子大多是由一根或多根表纱和一根里纱构成的。表纱是显露在袜子表面的纱线，多为短纤纱，袜子的手感、舒适性等服用性能及强力、耐磨性等机械性能主要取决于表纱。里纱不显露在袜子表面，多使用长丝，袜子的弹性、强力、密度等多由里纱性能决定。相当于表纱是皮肉，里纱是筋骨。也有一些只用一种纱的产品，如只用一种棉（丝光棉）的纯棉袜以及只用一种锦纶长丝的卡丝袜、只用锦纶弹力丝的尼龙袜等。

袜子上常用的原料可粗分为短纤纱、长丝和包覆纱等三大类。短纤纱是将一定长度的短纤维用加捻（如同搓绳）或包缠的方法纺纱而成的，常见的有棉、羊毛、腈纶、涤纶、涤棉、腈棉、毛晴、毛涤、黏胶（又称人造棉）、莫代尔等。织袜常用的棉型纱规格最多的是 $32^s/1$ 和 $21^s/1$，差不多细度的还有 $20^s/1$、$30^s/1$、$60^s/2$ 等，比它们细的是 $40^s/1$、$50^s/1$、$60^s/1$，比它们粗的有 $18^s/1$、$16^s/1$、$32^s/2$、$12^s/1$、$10^s/1$ 等。常用的毛型纱规格是 16Nm/1、18Nm/1、24Nm/1、32Nm/1、44Nm/1、48Nm/1、48Nm/2、52Nm/2、60Nm/2 等，"Nm"表示纤维或纱线长度米数/重量克数。1克重的纱线正好1米称为1支纱；1克重纱线长度为16米长，纱线的细度为16支，可写作"16Nm"。"/1"表示为单股纱，"/2"表示为双股纱。

长丝大都是化学纤维纺丝而成，袜子上用得最多的是锦纶长丝、锦纶低弹丝、锦纶高弹丝（俗称尼龙）；其次是涤纶长丝、涤纶低弹丝、涤纶高弹丝（俗称高弹）；此外还有氨纶、丙纶、黏胶等。长丝常用规格锦纶有 15D、20D、30D、40D、70D、100D、40D/2、70D/2、100D/2，涤纶有 60D、75D、135D、150D，氨纶有 12D、15D、20D、30D、40D、100D、140D、180D、220D 等。

包覆纱是由一根做芯的长丝（一般为弹性丝）外面包缠一根以上的长丝或短纤纱形成，也可反过来用长丝如锦纶、绢丝等来包短纤纱。根据其在袜子上的用途可分为作橡筋用途、作里纱用途和作表纱用三种。氨纶为芯的橡筋一般用氨纶的规格与包纱的规格表示，如 1807070 是 180D 氨纶双包两根 70D 锦纶，也可表示为 140/75/75 即 140D 氨纶双包两根 75D 涤纶。作里纱的包覆纱规格表示也是前面数是氨纶粗细，后面数是包覆丝粗细，如 2070、3075、30150 等。

二、常见袜品的原料结构组合

（一）薄型袜

$32^s/1$（$40^s/1$、$50^s/1$、$60^s/1$、$60^s/2$）+ 1575（1570、2075、2070、20D/2、35D/2、40D/2、70D/1）。其中，$32^s/1$ 表示棉型纱规格；1575 表示作里纱包覆纱规格，氨纶粗细 15，后面是包覆丝粗细 75；20D/2 表示氨纶丝长丝的粗细。以下其他依此类推。

（二）中厚型袜

$21^s/1$（$40^s/2$、$40^s/1×2$）+ 2075（2070、3075、3070、40D/2、50D/2、100D/1）。

（三）厚型袜

$32^s/1×2$（$32^s/2$）+ 3075（3070、4075、4070、70D/2、100D/2）。

$21^s/1×2$（$21^s/2$）+ 3075（3070、4075、4070、70D/2、100D/2）。

（四）特厚型袜

$21^s/1×4$（$21^s/2×2$、$10^s/1×2$、$4^s/1$）+ 3075（3070、4075、4070、70D/2、100D/2）。

（五）童袜

$32^s/1$ + 2075（2070），$21^s/1$ + 3075（3070）。

项目小结

袜子是人类服饰中不可缺少部分，袜子的发展浓缩了科技与人类需求的历史。袜子通常由袜口、袜筒、袜跟、袜脚、加固圈及袜头等几部分组成。袜类产品的款式可分为有袜头袜跟、无袜头袜跟、连裤和缝制四大类。袜品的种类很多，可以根据原料、组织结构、袜筒长短以及袜口结构、袜子规格等来分类。袜品原料种类目前主要包括植物纤维类（如棉、麻等）、动物纤维类（如羊毛、兔毛等）、化学纤维类（如锦纶、腈纶、涤纶、氨纶、丙纶、黏胶纤维等）、混纺原料类（如涤棉混纺、腈尼混纺与腈毛混纺）等，新型材料的研制与应用不断发展。袜子由一定的结构组成，一般由一根或多根表纱和一根里纱构成的；表纱是显露在袜子表面的纱线，多为短纤纱；里纱不显露在袜子表面，多使用长丝。袜子常用的原料有短纤纱、长丝和包覆纱等三大类，各自有不同的规格，常见袜子是根据需求由不同的原料组合而成。

复习与讨论

1. 如何理解袜子与服装之间的搭配？
2. 袜品的类别如何划分？
3. 袜品的结构是怎样的？
4. 袜品的款式有哪些？
5. 分析市场上袜品的种类及发展情况。
6. 袜品原料有哪些？各类型原料有何特征？
7. 什么是袜子原料结构？常见袜子的原料结构组合有哪些？

项目实训

1. 从网店中选取3~5种品牌袜，分析其款式与花型。
2. 调研袜艺产业袜原料市场，区分不同的袜原料。
3. 结合实体店或网店中具体的袜品，分析其原料组成及袜原料结构。

参考文献

［1］颜晓茵．袜品工艺与技术［M］．上海：东华大学出版社，2017．
［2］聂文圣．袜子基本知识课件［EB/OL］．https：//wenku. baidu. com，2020-08-06．

［3］佚名. 袜子的基本知识［EB/OL］. https：//wenku. baidu. com，2020-08-06.

［4］佚名. 袜子和组织结构设计［EB/OL］. https：//wenku. baidu. com，2021-02-02.

📖 本项目课件

项目二

袜艺产业发展概况

项目描述

袜品营销从业者需要全面地了解袜艺产业的发展状况。本项目简要地描述了世界袜艺产业发展状况，着重介绍了身处国际袜都地位的浙江诸暨大唐袜艺产业及东北辽源袜艺产业；并引用权威数据，帮助读者了解国内袜艺产业电子商务市场状况。

项目分析

为达到预定的实训教学效果，本项目设计了国内外袜艺产业发展历程与现状了解及国内袜艺产业电商市场现状熟悉两个方面的实训任务。

项目目标

知识目标

- 了解国内外袜艺产业发展历程与现状。
- 了解国内袜艺产业电子商务发展现状。
- 了解消费者袜品需求偏好。

- 了解不同品牌袜品电子商务发展状况。

技能目标

- 通过对国内外袜艺产业发展状况的文献梳理，学会分析国内袜艺产业发展的影响因素。
- 通过对袜艺产业电子商务数据收集，学会分析国内袜艺产业电子商务发展水平。
- 学会调研并撰写国际袜都袜艺产业研究报告，并进行讨论与评价。

育人目标

- 让读者从诸暨市大唐袜艺产业发展业绩中领悟诸暨人坚韧不拔、忠贞诚信和自强不息、奋力拼搏、开拓创新的"木柁"精神。

任务一

了解国内外袜艺产业发展历程与现状

纵观袜子发展史,不难发现,全球袜艺产业发展竞争激烈,"世界袜都"曾发生过变迁。从时间维度看,国内现代袜艺产业的发展多是从改革开放开始的,但发展迅猛,曾发生过"世界袜子战争"。国内袜艺产业的发展当前主要集中在浙江、江苏、广东、东北等地。但从知名度上看,当数浙江诸暨市大唐袜艺产业、义乌袜艺产业、海宁袜艺产业、辽源袜艺产业等。在国外,有曾经闻名的美国佩恩堡袜子名镇、意大利卡斯泰贡非多市(Castel Goffredo)袜艺产业生产基地等,但从袜艺产业规模上看,其袜艺产业不及国内;不过,国外袜艺产业企业至今仍有相当响亮的袜子品牌及相当强的创新能力。由于篇幅有限,在此,只对诸暨大唐袜艺产业、辽源袜艺产业等做简要描述。

一、诸暨大唐袜艺产业

(一)诸暨大唐袜艺产业发展足迹

诸暨为古越国的都城,至今还存留着有关西施、勾践的遗迹。作为吴越文化的发祥地之一,诸暨先贤及精英的风骨中凝结着诸暨人仗义果敢、坚韧不拔、忠贞诚信和自强不息、奋力拼搏、开拓创新的"木柁"精神成为诸暨市大唐镇承接国际制袜产业最宝贵的资源。

"大唐袜机响,天下一双袜",浙江诸暨大唐镇(原名,现已更名为街道)是全球最大的袜子生产基地。大唐袜艺小镇坐落于浙江诸暨市大唐镇，有"国际袜都"之美誉，它既是全国第一批特色小镇之一，也是浙江省特色小镇，是以袜艺产业工业为基础的特色小镇，2019 年胡润研究院对诸暨袜艺产业区域品牌估值高达 1100 亿元。作为享誉世界的"国际袜都"，全球最大的袜艺产业基地，诸暨拥有全球最完整的袜艺产业链，每年袜艺产业产值约占全国 2/3、全球 1/3 的市场份额。

大唐袜艺产业集群和专业市场的发展成就一直与政府、企业的不懈努力分不开。据文献记载，大唐镇建镇于 1988 年，当意大利、英国、美国、日本、韩国等国袜子产业大力发展的时期，大唐袜艺产业正经历提篮叫卖、马路边摊萌芽阶段。到 20 世纪 70 年代，全球袜子生产基地开始从日本转移到韩国和中国台湾地区。到 80 年代初，随着世界新一轮产业结构的调整和转移，我国珠三角地区首先赢得了新的国际产业转移机遇，紧接着在上海、浙江海宁等地也出现了一些承接日韩订单的袜子加工企业。但由于大唐镇所在的诸暨市具有较佳的地理位置，加之洪冬英、张金灿等人士从浙江海宁引来袜艺产业的火种，大唐袜艺产业得到了蓬勃发展，至今有"中国袜艺产业之都"的美誉。现如今，大唐袜艺产业已形成以大唐镇为中心，辐射周边数个乡镇，吸纳从业人员近万人，年产袜子近亿双的一大产业集群，具备规模总量、产业结构、装备技术、品牌集聚、市场集散、外向带动等六大产业优势，大唐袜艺产业也因此被确立为全球最大的袜子生产基地和浙江省 21 世纪最具成长性的产业之一，被列入浙江省第二批现代产业集群转型升级示范区。

当历史的车轮悄然进入 21 世纪，大唐袜艺产业又迎来了崭新的发展机遇。党中央在全国实施"特色小镇"建设，旨在推动全国小城镇健康发展，特色小镇成为区域产业转型升级和经济发展的新动力和新载体。大唐是国际袜都，大唐袜艺小镇是 2016 年住建部首批建设的 127 个国家特色小镇之一。大唐袜艺小镇为工业小镇，袜艺产业是大唐袜艺小镇特色之所在及规划建设的重点内容。近年来，在创新驱动发展战略背景下，大唐袜艺产业正不断地加大转型升级发展力度，力争成为全球最先进的袜艺产业制造中心、全球最顶尖的袜艺产业文化中心、全球唯一的袜艺产业主题景观空间和全球唯一的袜艺产业旅游目的地，争做特色小镇创建的示范和样板。在"互联网＋"技术背景及产业转型升级需求下，做特、做精、做强大唐袜艺产业是特色小镇建设的客观要求。"智造硅谷"是大唐袜艺小镇建设重中之重。"智造硅谷"是袜艺特色小镇的智能制造功能区、大唐袜艺产业智能制造集聚区，旨在提升大唐袜艺产业制造业的智能化水平。"智造硅谷"覆盖海讯两创园、圣凯科技园、天顺精品园三大园区，拟吸纳 250 多家企业入驻，打造全球最先进的袜艺产业新材料研发制造基地、全球新型的袜艺产业新产品开发生产基地及全球最齐全的袜艺产业机械研发生产基地。

（二）"国际袜都"袜艺产业发展新蓝图

"国际袜都"作为全国首批特色小镇创建试点之一，在创建过程中，政府找准定位、精心规划，主次分明、精致建设，强化保障、精细管理，取得了一定成效。大唐是国际袜都，以生产袜子闻名。在过去30多年里，大唐由袜而兴，也因袜而困，主要表现在"产业低小散、集镇脏乱差、社会治理难"等方面。为切实改变这一现状，大唐镇政府紧紧抓住特色小镇创建这一机遇，紧扣打造"供给侧小镇经济新模式"这一核心，提出"重构袜艺产业、重塑大唐"战略目标，围绕传统产业供给侧改革，推进经济结构、增长动力结构和增长方式结构的调整，以转型升级为主线，达到"去产能、去库存、去杠杆、降成本、补短板"的目标。

在创建过程中，大唐镇政府确定了政府引导、企业为主、市场化运作的投资方案，统筹推进工业、文化、旅游、时尚等项目建设。通过产业平台搭建，从智能制造、原料和机械研发、创意设计、品牌营销等环节向"微笑曲线"两端延伸；从做强"美丽经济"出发，做到文化、旅游、生态和特色小镇建设相互结合、相得益彰。

通过"袜艺小镇"建设，把袜艺产业的时尚元素表现为小镇景观，将袜艺产业制造与文化、艺术、设计相结合，通过个性化袜艺产业工场、休闲小镇、袜艺产业风情街的打造，形成完整的袜艺产业工业旅游路线，并力争成为全球最先进的袜艺产业制造中心、最顶尖的袜艺产业文化中心、唯一的袜艺产业主题景观空间和全球唯一的袜艺产业旅游目的地。

2015年，诸暨市大唐镇制定了袜艺小镇建设规划，按照"重构袜艺产业、重塑大唐"工作主题，计划用3年时间建设一座以袜子为图腾、具有袜艺产业风情的特色小镇。按照规划方案，计划总投资55亿元，规划面积2.87平方千米，重点建设"智造硅谷、时尚市集、众创空间"三大区域，实现年产值150亿元，年税收1.6亿元，年接待旅游人数30万人次的目标，把大唐袜艺小镇打造成为全球最先进的袜艺产业制造中心、全球最顶尖的袜艺产业文化中心、全球唯一的袜艺产业主题景观空间和全球唯一的袜艺产业旅游目的地。

三大区域指智造硅谷、时尚集市及众创空间。智造硅谷是袜艺产业特色小镇的智能制造功能区，旨在提升国际袜都袜艺产业制造业的智能化水平。智造硅谷重点建设海讯两创园、天顺生态园及圣凯科技园。其中，海讯两创园吸纳100家左右企业进驻，旨在打造全球最先进的袜艺产业新材料研发制造基地；天顺生态园计划安排150家左右企业入驻，旨在打造全球新型的袜艺产业新产品开发生产基地；圣凯科技园旨在打造全球最齐全的袜艺产业机械研发生产基地。

时尚市集是袜艺产业特色小镇的文化艺术旅游区，旨在为各类才华横溢的新兴艺术家和设计师提供开放、多元的创作环境和交易平台，实现袜艺产业艺术文化与商业的碰撞融合，为创意作品商品化提供实验舞台，培育系列时尚品牌，并成为吸引大量外来游客的引爆点。时尚市集重点包括创意体验区、袜艺产业风情街及袜艺产业博物馆。创意体验区通过对沿线村庄中废旧厂房的改造，建设 LOFT 风格的国际艺术村，打造全球唯一的以袜子为主题的国际艺术村和时尚设计区。袜艺产业风情街布局袜艺产业城市家居、主题乐园、袜艺产业咖啡馆、袜艺产业风情酒店等项目，连点成线，发展旅游线路。袜艺产业博物馆打造集展览展示、新品发布、科普等功能于一体的大型展厅。

众创空间是袜艺产业特色小镇的电商群落生态区。通过植入互联网思维，顺应用户创新、大众创新、开放创新的大时代趋势，实现创新与创业相结合、线上与线下相结合、孵化与投资相结合，集成工作、网络、社交和资源共享空间，重点建设第三方仓储式现代化物流基地、大学生创业基地及袜艺产业 O2O 基地。第三方仓储式现代化物流基地使其成为国际袜都袜艺产业境内外电商的强力引擎；大学生创业基地是集大学生创业、海外留学生创业、金融服务、培育孵化功能于一体的创新空间；袜艺产业 O2O 基地构筑群落型的电商服务生态圈。

"世界袜艺产业看中国，中国袜艺产业数大唐。"近年来，诸暨实施了袜艺产业数字化转型专项行动，大唐袜艺产业搭上了数字化改造快车，这一传统产业正在发生深刻的变化。国际袜都紧紧围绕传统制造业改造提升试点行动和两化深度融合国家示范市建设，大力推进互联网、大数据、云计算、人工智能与袜艺产业深度融合发展，重点以工业互联网平台建设、企业上云、机器换人、智能制造、数字车间建设为突破口，取得了实质性进展。

二、辽源袜艺产业

辽源袜艺产业行业历史悠久，被中国纺织工业联合会、针织工业协会命名为"中国袜艺产业名城""中国棉袜之乡"，形成了"南有诸暨，北有辽源"的袜艺产业发展格局，"辽源因袜子而闻名天下"。

早在 1917 年的民国时期，辽源便出现了手工织袜的作坊，而依据辽源的相关档案记载，辽源袜艺产业是在 1938 年前后初露端倪，出现了机器加工织袜，初步有了用机器代替手工生产袜子的行业。

新中国成立后，辽源袜艺产业渐成规模，1951 年辽源市第一针织厂组建成立，外请上海籍技术人员 78 人，袜子生产得到长足的发展，产量幅度大增，产品遍布整个东北地区。1952 年末，辽源市第一针织厂迁往辽宁省营口市。

1961年8月，辽源市第二针织厂正式成立并投产；1964年，生产品种四大类，花色品种32个；1973年，出口袜正式投入生产。到了20世纪80年代，该厂已有专业设备276台，产品花色品种增加到150个，袜子总产量达到368.6万双，工业总产值上升到571万元，利润达到100万元，职工增加到1000余人。在此时期，辽源生产出的国家和省名优袜子不断涌现，袜子销量遍及全国。辽源因以袜艺产业为代表的纺织行业发达而被誉为"东北小上海"，大规模袜艺产业在辽源形成，为日后辽源袜艺产业的辉煌壮大奠定了雄厚的产业基础。

袜艺产业成为推进辽源经济转型的优势产业。2005年东北袜艺产业纺织工业园建立之时，辽源全市共有42家袜厂，总产值近亿元，分散在各地，均有自己的厂房；截至2019年，入驻园区的袜艺产业及配套企业共计1210户，园区总产值达120亿元、产能35亿双。在为入驻企业不断提供优惠政策的同时，园区还积极谋划全产业链布局，从纺织机械设备制造开始、纺纱、染色、织造、包装、物流、渠道、品牌及金融配套等生产环节全面构建产业大平台，同时还自建热电供应与污水处理，其目的就是为企业降低生产成本、缩短生产周期、保障企业生产所需，进而提升企业的竞争力。

东北袜艺产业园经过14年的发展历程，在省、市两级政府及相关部门高度重视和大力扶持下，创新发展模式，打造特色园区，培育集群产业优势，带动市区内外20平方千米的经济发展，产业拉动作用明显，取得了显著成效。2008年1月，辽源市被中国针织工业协会命名为"中国棉袜之乡"。2009年9月，辽源市被中国纺织工业协会和中国针织工业协会命名为"中国袜艺产业名城"。纺织袜艺产业作为辽源特色优势产业之一，立足原有轻纺工业基础，将其作为接续替代产业优先培育，如今已经成为辽源经济发展的重要组成部分和推进辽源经济转型的优势产业，切实起到了积极的引领效应和重要的促进作用。

任务二

了解袜艺产业电商国内市场现状

一、国内袜类产品电商概况

根据 Data Insider 数据分析，从年度数据来看，2017~2019 年，袜子市场处在高速增长阶段。2017 年的年度市场规模是 89 亿元，到 2019 年就增长了 36.5%，涨到了 121 亿元。从市场关注度情况来看（访客数），2017~2019 年也是呈现了持续增长的姿态，说明袜子这个行业市场需求在一直变大。

从月度销售来看，此类目出现较明显的季节性特征。10 月、11 月、12 月的整体数据偏高，冬天对此类目的需求较大以及冬天的材质更厚，加上 11 月、12 月平台大促销也带来了复合影响，"双 11" 的销售额是平时的 2~3 倍。袜子品类消费者对于价格比较敏感，主要体现在平台大促销的集中购买方面，1 月 "年货节"、3 月 "女王节"、"双 11" 和 "双 12" 都有影响。"618" 大促的转化不佳，主要是受季节影响。袜子品类整体下半年数据要优于上半年，因为下半年的天气对此类目的需求量更大以及行业大促集中爆发在下半年。

由于新冠肺炎疫情的影响，2020 年袜子类目呈现下跌的趋势，疫情导致消费者外出困难，基本待在家里，袜子的损耗相对减少，对袜子的需求量也随之减少。另外由于疫情对快递影响较大，导致整体销量有所下滑。

二、袜子卖家概况

如图 2.1、图 2.2 所示，TOP20（前 20 名）商家销售额瓜分了整个市场的20%份额，TOP10（前10名）商家销售额瓜分了整个市场的13%。然而，如表2.1所示，在TOP20中，有多个品牌在TOP20中占据了多个排名，其中浪莎这个品牌占据了1、5、11名的位置，宝娜斯占据了8、9名的位置；值得一提的是南极人这个品牌，TOP20中，这个品牌的商家占据了5个排名，其中一家旗舰店、四家专卖店。这些品牌都是类目较大的商家企业，能够占领这么多的市场份额，最主要的就是价格上或产品力方面有较明显优势，以及是有一定品牌效应，加上长期客户的积累。

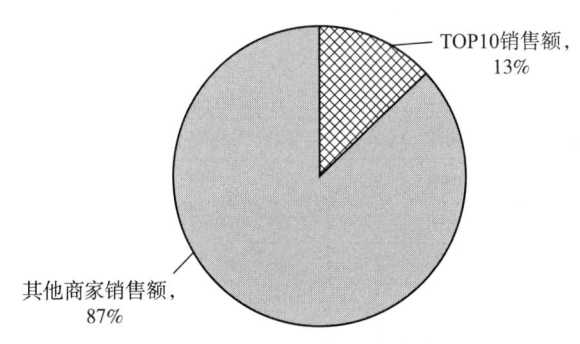

图 2.1 TOP10 市场份额（2020 年 3 月）

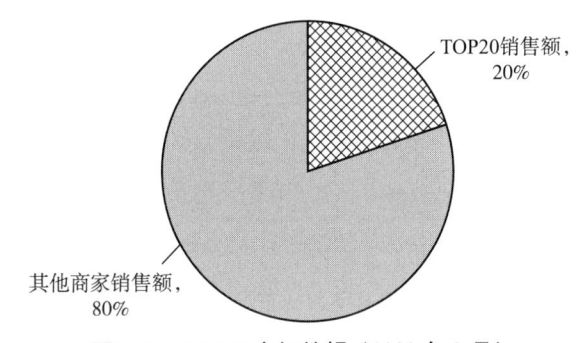

图 2.2 TOP20 市场份额（2020 年 3 月）

表 2.1　　　　2020 年 1~3 月 TOP20 卖家销售数据

排序	店铺名称	交易金额（万元）	访客数（万人）	搜索人数（万人）	支付转化率（%）	支付人数（万人）	客单价（元）	UV价值	搜索占比（%）
1	浪莎官方旗舰店	1810	284	151	17.40	49	36.59	6.37	53.17
2	Bananain 蕉内旗舰店	1133	186	24	7.65	14	79.62	6.09	13.24
3	倾格服饰旗舰店	1121	238	211	17.00	40	27.69	4.71	88.65
4	南极人官方旗舰店	1007	167	123	15.73	26	38.35	6.03	73.84
5	浪莎浪涛专卖店	904	148	47	28.51	42	21.31	6.08	31.87
6	南极人爱绵专卖店	874	160	91	27.03	43	20.14	5.44	56.82

续表

排序	店铺名称	交易金额（万元）	访客数（万人）	搜索人数（万人）	支付转化率（%）	支付人数（万人）	客单价（元）	UV价值	搜索占比（%）
7	北极绒官方旗舰店	814	180	156	13.65	24	32.99	4.50	86.75
8	bonas 宝娜斯专卖店	767	207	58	19.59	40	18.89	3.70	28.06
9	宝娜斯服饰旗舰店	742	191	98	9.67	18	40.05	3.87	51.45
10	S你旗舰店	719	220	119	23.55	52	13.82	3.26	54.22
11	浪莎淞暄专卖店	709	99	74	13.88	13	51.16	7.10	74.13
12	玲珑阁日系袜子	600	291	164	8.94	26	23.03	2.06	56.26
13	南极人鸿蜀专卖店	583	105	71	17.48	18	31.67	5.54	67.44
14	南极人明淘专卖店	569	84	74	21.35	17	31.68	6.76	89.03
15	playboy 内衣旗舰店	548	58	32	19.72	11	47.59	9.38	54.81
16	品彩服饰旗舰店	531	170	29	23.37	39	13.38	3.13	17.64
17	魅萱旗舰店	509	153	74	18.74	28	17.75	3.33	48.69
18	梦春晓生活馆	494	86	2.9	14.27	12	39.97	5.70	3.34
19	南极人承宣专卖店	479	183	122	12.19	22	21.44	2.61	66.77
20	恒源祥浪色专卖店	470	76	51	13.79	10	44.75	6.17	66.94

资料来源：Data Insider。

从表 2.2 中卖家数来看，无论是有交易的卖家数还是卖家数都在下滑，这与激烈的市场竞争有直接关系，价格战导致了实力不足的小卖家顿感压力，纷纷离场，实际上过百亿元的规模且真正能分到一杯羹的卖家仅占 14%。

表 2.2　　2019 年 4 月至 2020 年 3 月袜艺产业电商有效卖家情况

日期	交易金额（万元）	卖家数（万家）	有交易卖家数（万家）	有交易卖家占比（%）
2020-03-01~2020-03-31	77538	56	7.4	13.2
2020-02-01~2020-02-29	27884	54	4.9	9.1
2020-01-01~2020-01-31	73123	55	7.1	12.9
2019-12-01~2019-12-31	168302	58	10.1	17.4
2019-11-01~2019-11-30	198779	60	10.1	16.8
2019-10-01~2019-10-31	135915	57	10.2	17.9
2019-09-01~2019-09-30	87162	61	9.1	14.9
2019-08-01~2019-08-31	55835	65	8.2	12.6
2019-07-01~2019-07-31	51966	65	8.4	12.9
2019-06-01~2019-06-30	72386	65	9.5	14.6
2019-05-01~2019-05-31	91035	74	10.8	14.6
2019-04-01~2019-04-30	99589	73	10.7	14.7

续表

日期	交易金额（万元）	卖家数（万家）	有交易卖家数（万家）	有交易卖家占比（%）
汇总	1139519	62	8.9	14.4

注：汇总中，"交易金额"为年度总交易金额，"卖家数""有交易卖家数"为月均值。

资料来源：Data Insider。

此外，相关数据显示，卖家数主要分布在浙江省，其次在河南省、广东省。综上所述，袜类目市场容量较大，市场销售额的增长缓慢，卖家数和有交易的卖家数都在下滑，头部商家竞争较为激烈，但头部商家并没有出现垄断的现象，普遍存在几个头部商家分销一个品牌的现象，想要在这个类目有一定的生存空间，产品力（性价比）是王道。

三、袜子消费者人群画像

（一）用户职业

如图2.3、图2.4、图2.5所示，从消费者的职业来看，客群占比最高的用户是公司职员，其次是个体经营者。转化率较高的是工人（41.47%）、公司职员（40.88%）、个体经营户（40.64%）；转化率最低的是学生，仅有27.36%。客单价最高的是科研人员（42.06元），最低的是学生（26.70元）。

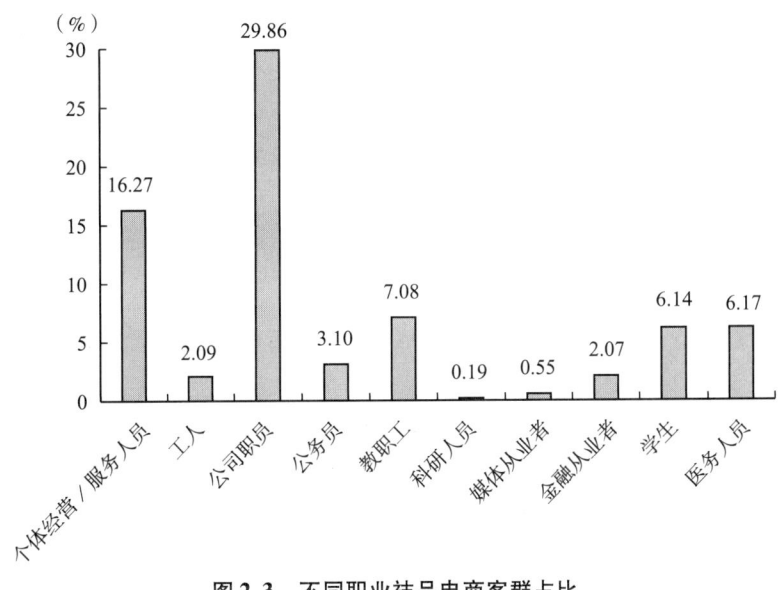

图2.3 不同职业袜品电商客群占比

资料来源：Data Insider。

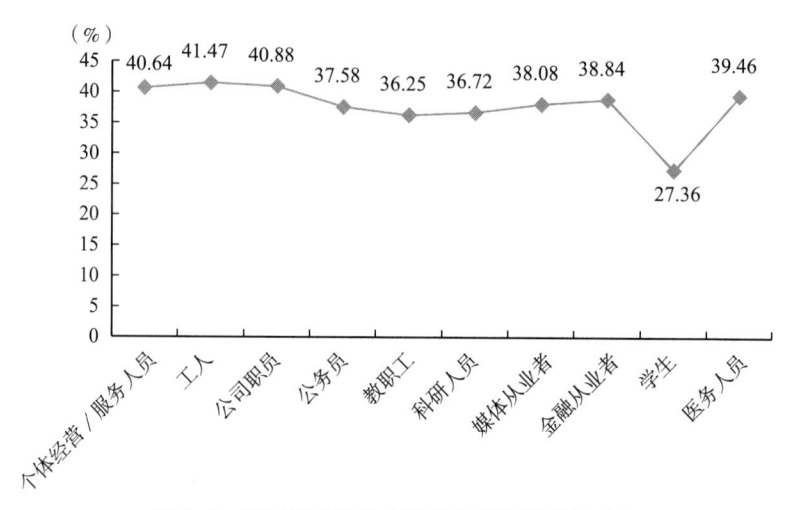

图 2.4　不同职业袜品电商转化率客群差异对比

资料来源：Data Insider。

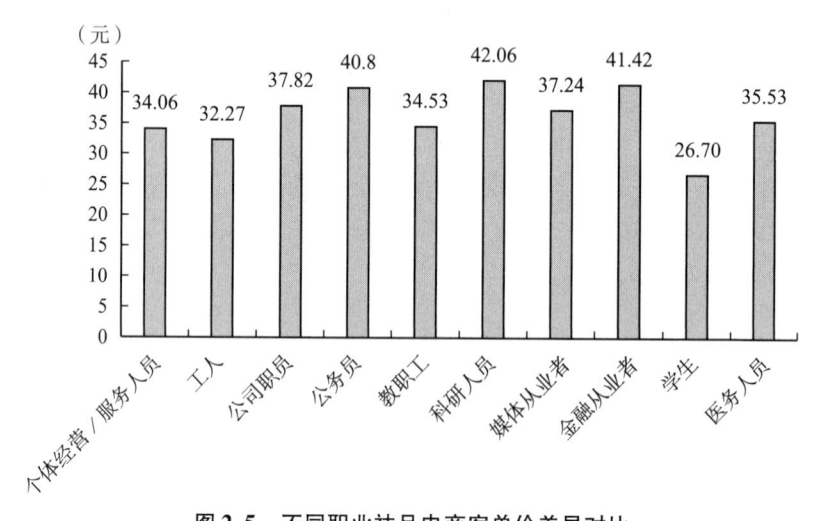

图 2.5　不同职业袜品电商客单价差异对比

资料来源：Data Insider。

（二）用户年龄

如图 2.6、图 2.7、图 2.8 所示，从消费者的年龄来看，核心客户群集中在 18~24 岁以内；从客单价来看，50 岁及以上的客单价最高，其次是 30~34 岁，客单价最低的是 18~24 岁人群；从转化率来看，转化率最高的集中在 25~29 岁人群，最低的为 40 岁以上人群。随着年龄增长，从 29 岁之后，转化率呈现递减趋势。

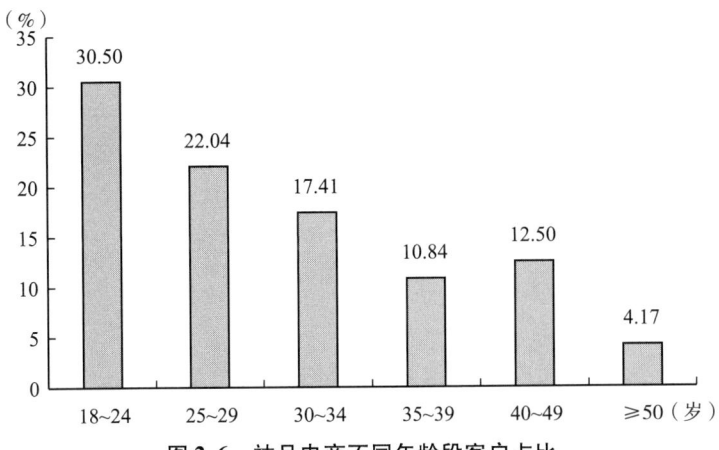

图 2.6 袜品电商不同年龄段客户占比

资料来源：Data Insider。

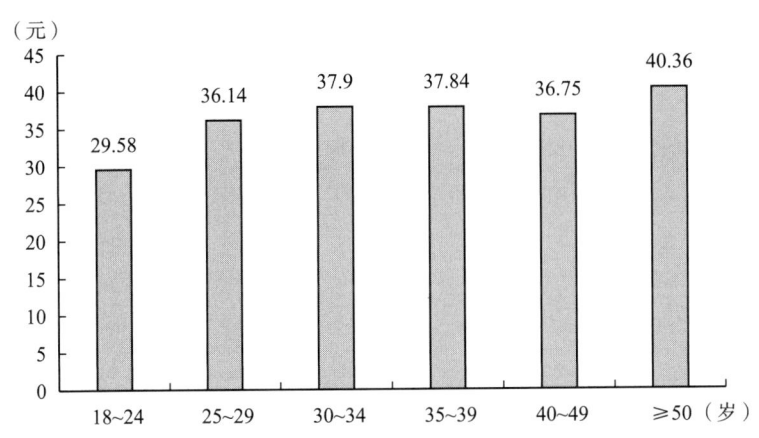

图 2.7 不同年龄段客户袜品电商客单价差异对比

资料来源：Data Insider。

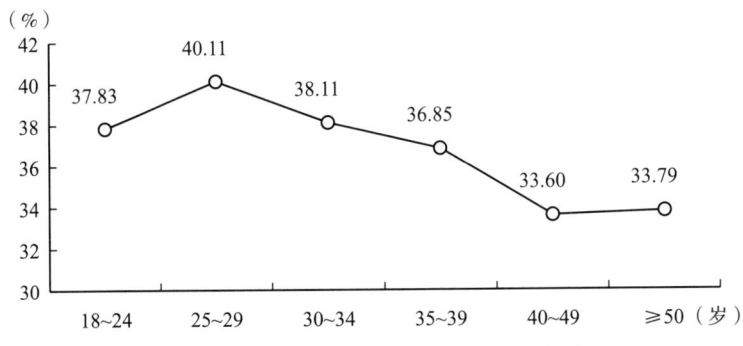

图 2.8 不同年龄段客户袜品电商转化率对比

资料来源：Data Insider。

（三）用户性别及年龄

如表 2.3 所示，从用户人群画像可以看出，在同一购买时间内支付人数中，同年龄段女性的支付人数及交易金额是男性的 2~3 倍左右，在袜子类目中，女性的购买规模往往大于男性用户。从用户客单价来看，同年龄段男性的客单价都略微高于女性。客单价最高的男性在 45 岁以上，客单价最高的女性年龄段在 31~35 岁。

表 2.3　　用户性别及年龄反映出的用户偏好差异

人群属性		交易金额（万元）	支付人数（万人）	支付转化率（%）	访客人数（万人）	客单价（元）	UV 价值（元）
18~22 岁	男	3546	127	33.99	374	27.83	9.46
	女	6417	240	26.34	914	26.65	7.02
23~25 岁	男	3231	96	38.66	250	33.34	12.89
	女	6887	214	32.45	662	32.07	10.40
26~30 岁	男	5231	140	35.08	400	37.23	13.06
	女	12470	350	32.02	1094	35.59	11.40
31~35 岁	男	4157	106	30.85	344	39.14	12.07
	女	10471	280	31.43	893	37.31	11.73
36~40 岁	男	2516	65	28.24	231	38.53	10.88
	女	6599	176	30.86	570	37.50	11.57
41~35 岁	男	1611	43	27.55	157	37.03	10.20
	女	4346	119	29.93	398	36.44	10.91
45 岁以上	男	2508	60	26.57	227	41.42	11.01
	女	5273	143	28.32	505	36.81	10.42

资料来源：Data Insider。

四、袜子卖点分析

（一）袜品功能卖点

如图 2.9 所示，从功能卖点分析来看，吸汗排湿的功能是销售额最高的，近 30 天的销售额达到 3.2 亿元；其次功能是缓解静脉曲张的，销售额达到 1.4 亿元；再往后是隐形、防臭。后期研发可以针对吸汗排湿、隐形、防臭这些功能特点进行开发。如图 2.10 所示，从客单价来看，客单价最高的是五趾袜，其次是防臭功能袜。

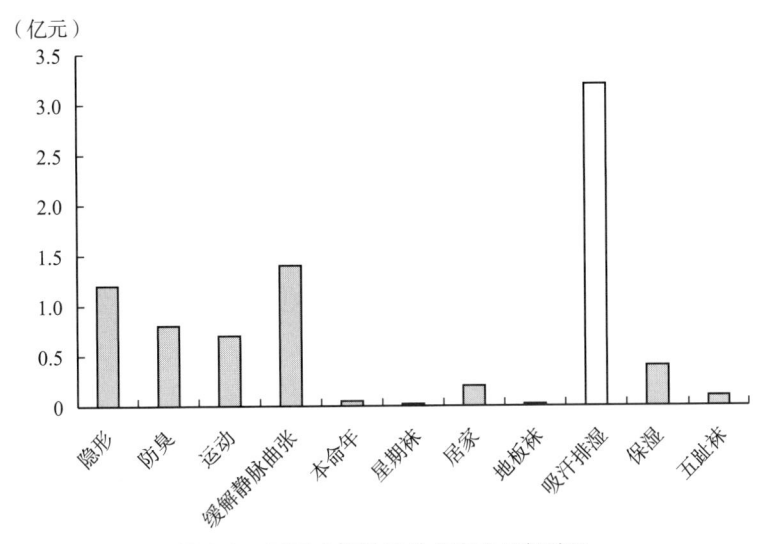

图 2.9　不同功能袜品的电商交易额差异

资料来源：Data Insider。

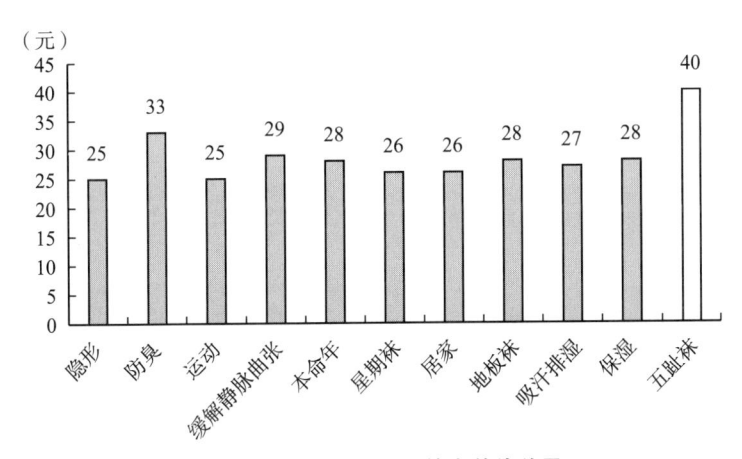

图 2.10　不同功能袜品的客单价差异

资料来源：Data Insider。

（二）袜品材质卖点

从商品的材质进行分析，棉属性的材质的销售额最高，其次是锦纶；从客单价来看，蚕丝的客单价是最高的，其次是氨纶及棉。

另有调研数据表明，花型是影响袜品美感的主要因素，其次是风格、款式、颜色、长度；青年消费者比较喜欢简约型和运动型风格的短袜和中长款袜子；女袜花型主要是条纹、文字组合或卡通图案，一般为多个小图案或单个大图案；男袜花型多为条纹、格子以及文字组合等简单图案；花型大多位于袜帮与脚踝之间、袜帮、脚背部位；颜色以无彩色为主，也会辅以其他颜色。

项目小结

袜艺产业遍布世界各地，国内现代袜艺产业大力发展于改革开放以后，当前主要集中在浙江、江苏、广东、东北等地，浙江诸暨大唐、义乌、海宁及东北辽源等地已达到一定的产业集群规模。诸暨大唐作为国际领先的袜艺产业集群之一，其产业链构建、产业配套研发及产业集群综合创新等呈现一定的水平。

大数据显示，在袜艺产业电子商务发展方面，国内袜子网络消费近年处在高速增长阶段，袜子网络销售呈现较明显的季节性特征，TOP10 商家销售额仅占整个市场份额的 13%，卖家数主要分布在浙江省，其次在河南省、广东省，用户职业、用户年龄等不同对袜子消费产生一定的影响。

复习与讨论

1. 袜艺产业主要分布在国内外哪些地区？
2. 大唐袜艺产业结构有哪些特征？
3. 网络用户对袜品消费有哪些偏好？

项目实训

1. 通过网络调研，对比分析世界不同地区袜艺产业发展优劣势。
2. 选取数家从事袜品网络销售的网店，分析各网店袜品销售状况。

参考文献

[1] 袜子行业大数据分析报告 [EB/OL]. https：//wenku. baidu. com，2020 – 08 – 06.

[2] 袜艺产业发展有百年的历程见证着辽源经济转型蜕变 [EB/OL]. http：//enews. xwh. cn/shtml/xwhb/20190709/342901. shtml，2020 – 08 – 22.

[3] 刘华. 袜子战争 [M]. 杭州：浙江人民出版社，2008.

[4] 傅海洪，葛彦，黄艳. 青年袜品喜好度调研分析与花型设计 [J]. 针织工业，2019（8）.

[5] 张哲，杨洁. 创新驱动发展战略下袜业专利水平研究 [M]. 北京：经济科学出版社，2020.

📓 **本项目课件**

项目三

直播电商认知

项目描述

什么是直播电商，直播与电商是何关系，国内直播行业发展历程及现状如何，主播职业如何，主播带货能力如何，国内袜业直播电商发展状况如何，这些均是初学者或初次接触直播电商者可能存在的疑惑，需要本项目给出较清晰的解答。

项目分析

为了让读者更快、更好地了解直播电商的概念，了解主播及其职业，了解直播电商行业发展现状，了解袜业直播电商发展状况等，本项目设计了三个实训任务。

项目目标

知识目标

- 了解直播电商概念。
- 了解主播角色及职业。

- 了解国内直播电商发展状况。
- 了解国内直播电商平台发展现状。
- 了解国内袜业主要地区直播电商发展状况。

能力目标

- 结合袜艺直播电商发展状况开展调研，并撰写调研报告。
- 能熟练地统计出国内头部直播电商平台中的袜子直播商家，并学会分析他们的直播带货状况。

育人目标

- 通过学习了解国内直播电商行业的发展状况，理解直播电商为乡村振兴及传统企业数字化转型赋能所产生的作用，深深地感悟出政府对直播电商发展的支持力度。

任务一

对直播电商、电商主播的认知

一、直播电商概念

国家市场监督管理总局、国家标准化管理委员会对"直播电商"的界定为:直播电商是当前最新的电子商务业态,主要体现为主播向消费者展示商品和服务,其主要特点是直观、体验性强,主要形式有电商卖货、代理招商、知识付费、实体店导流、品牌品宣;直播电商带货是指通过直播电商的方式售卖产品并最终成交的销售手段。

相对于传统电商模式,直播电商模式在产品呈现形式、时间成本、社交属性、购物体验感和售卖逻辑多个维度都具有显著的优势,如表3.1所示。当前,直播电商作为新增长点正式"全面爆发",渗透率快速提升,将日益成为电商、品牌、商家的"标配"。学界普遍认为,直播带货行业符合现代商业发展规律,大大降低了交易成本,能为客户提供良好体验,最大限度地实现商品价值。直播带货不仅可以刺激内需,同时作为一种销售渠道,可以让客户成为粉丝,实现长期复购从而保障产销链条。直播电商改变了传统消费者和企业之间的关系,让"人"找"货"变成了"货"找"人"。在市场上存在大量同质化产品的情况下,直播可以帮助消费者筛选,更快捷地匹配供需关系,有助于拉动消费。

表 3.1　　　　　　　　传统电商与直播电商比较

对比内容	传统电商	直播电商
产品呈现形式	仅仅依靠图片和文字，但不乏有些文字信息含有虚假成分，而图片往往是经过修图处理，与实物真实外观有一定的差距，容易误导用户	直播电商是基于视频让消费者能更全面地了解产品或服务，能更生动、形象地全方位展示产品和性能，容易让消费者信服
时间成本	由于商家和消费者的信息不对称，后者往往需要花费更多的时间收集产品信息并进行对比，然后才能做出消费决策，时间成本高	关键意见领袖（key opinion leader, KOL）主播对展示的产品会事先做足功课，并十分了解产品的性能和优势。主播专业的选品能力有助于降低消费者购物决策的时间成本
社交属性	购物社交属性较弱，消费者只能通过产品评论或客服两个渠道进行产品交流，交流形式比较单一，反馈也不够及时	购物社交属性较强，消费者和主播可以即时互动，消费者可以向主播提出疑问，主播进行解答，消费者之间也能进行对产品的看法讨论，这是一种多回路沟通方式
购物体验感	较低	较高
售卖逻辑	人找货	货找人

资料来源：艾媒网。

二、直播电商主播

电商主播是指在网络直播营销活动中与用户直接互动交流的人员。作为主播，电商直播行业要求主播具有较强的综合素养，较强的专业性，对直播带货商品有较好的体验与认知，且应拥有与粉丝进行良好互动的技能。

为了进一步规范直播行为、培养主播人才，浙江省电子商务标准化技术委员会在 2020 年 6 月发布了国内首个《直播电子商务人才培训和评价规范》，规范要求从专业基础理论知识、实践技能操作和电商职业道德等多方面考评直播电商人才，真正促进该行业逐步走向专业化。《直播电子商务人才培训和评价规范》对主播的能力测评内容进行了相关的规定，包括素质素养、表现力、产品描述、直播工具的使用、带货力、文化素养、才艺展示等。

2020 年下半年国内直播电商行业市场规模稳健增长，李佳琦、薇娅等头部主播由于先入局的优势，使得优质资源和海量粉丝不断向头部靠拢，直播电商行业马太效应凸显。直播电商行业 90% 以上的流量紧握在李佳琦、薇娅等顶级达人主播的手中，头部主播格局基本确定，中低部主播带货能力有限，爆红难上加难。

一般地，直播电商行业以一段时间内的网站成交金额（GMV）数据来对直播达人带货能力进行排名，直播达人带货榜实时更新。如表3.2所示，2020年全网直播带货总榜TOP10主播中分别有5位淘宝主播、5位快手主播，抖音直播则暂无主播进入榜单前十；从销售额来看，冠军宝座仍属于薇娅，以310.90亿元位列榜单第一；李佳琦排名第二；辛巴跻身第三。艾媒咨询分析师认为，薇娅、李佳琦以破百亿的销售额遥遥领先，与榜三、榜四等差距非常大，头部效应显著；抖音与其他两个平台头部主播相比差距拉大，抖音庞大体量下的直播电商潜力尚未完全激发出来。

表3.2　　　　2020年中国直播带货主播成交总额排行榜

平台	姓名	粉丝（万人）	销售额（亿元）
淘宝	薇娅 viya	3759.5	310.90
淘宝	李佳琦 Austin	3786.6	218.61
快手	辛有志辛巴	7110.2	121.15
快手	蛋蛋小盆友	2508.4	75.26
淘宝	雪梨_Cherie	1804.9	39.86
快手	爱美食的猫妹妹	3887.4	37.8
快手	时大漂亮	1773.2	33.39
淘宝	烈儿宝贝	751.3	23.25
快手	瑜大公子	1329.4	22.41
淘宝	华为终端	2818.6	21.48

注：数据截至2020年12月21日。
资料来源：艾媒网，https://www.iimedia.cn/c1020/76746.html。

然而，实践亦表明，主播流量高，销售转化不一定高。由于平台提供流量服务，许多主播可以通过买流量提高曝光量，但是如果主播与粉丝的互动性不高，粉丝多半为僵尸粉，或者直播产品本身不适合直播等等因素，也会造成主播流量高，但是销售零转化的翻车局面。

当前，国内很多地区政府已经将优秀的主播人才纳入政府招商引智对象。2020年6月，"直播经济第一区"——杭州市余杭区提出了开展直播人才认定规范，对具有行业引领力、影响力的直播电商人才最高可通过联席认定为"国家级领军人才"，引发行业巨大关注。除了杭州，广州、济南、四川、重庆等城市2020年也加大了对电商直播人才的奖励和引进，加速培养和引进电商直播人才。

任务二

国内直播电商行业发展现状

一、国内直播行业发展历程

国内直播行业起源于 2005 年，爆发于 2016 年。其间，直播战场由 PC 端转向移动端，直播内容由单一的秀场直播向体育、教育、社交及电商等多领域渗透，其发展历程可大致分为四个阶段：

（1）直播 1.0 阶段（2005~2011 年）：以 PC 端直播为主，分为聊天室模式和演唱会模式，直播内容单一，以秀场直播为主。

（2）直播 2.0 阶段（2012~2014 年）：依旧以 PC 端为主，除秀场直播外，游戏直播开始上线，直播内容日渐丰富。

（3）直播 3.0 阶段（2015~2016 年）：随着 4G 等移动通信技术的发展，直播由 PC 端转向移动端，大量创业者涌入，上演"千播大战"的场景，娱乐直播平台获得发展。2016 年被称为"移动直播元年"。

（4）直播 4.0 阶段（2017 年至今）：以移动端为主，行业格局从"百花齐放"向"巨头争霸"过渡，流量、主播和资本开始向头部平台聚拢，直播电商获得爆发式增长。直播内容渗透到电商、体育、财经、教育、社交、音乐等各个领域。2019 年被称为"直播电商元年"；同时政府开始对行业进行规范整顿。

随着新冠肺炎疫情期间用户线上消费习惯的加速养成，直播电商已经成为一种广泛受到用户喜爱的新兴购物方式，以电商直播为代表的网络直播行业在 2020 年实现蓬勃发展。

在促进消费方面。网络直播已成为拉动经济内循环的有效途径。在2020年新冠肺炎疫情和决战决胜脱贫攻坚的双重背景下，网络直播作为"线上引流+实体消费"的数字经济新模式，成为发展的新热点。一方面，政府高度重视，各地方政府积极发挥"牵线搭桥"作用，通过成立电商直播协会、建设电商直播基地、培育电商直播人才及打造直播电商产业带等多种方式，促进"电商直播+"产业发展，助力传统产业振兴，为行业发展打下坚实基础。另一方面，企业积极布局，为行业发展提供技术支撑。无论是以京东、苏宁为代表的电商企业，还是以抖音、快手为代表的短视频平台，甚至微信、微博等互联网社交应用，都开始将电商直播作为拉动营收增长的战略重点。

在直播电商行业管理方面。为加强管理，不良内容整治措施和行业规范陆续出台。2020年6月，国家互联网信息办公室会同相关部门对31家主要网络直播平台的内容生态进行全面巡查，视违规情节对相关平台采取停止主要频道内容更新、暂停新用户注册、限期整改等处置措施。2020年8月，网络直播行业专项整治和规范管理工作进行再部署，着力于提升直播平台文化品位，引导用户理性打赏，规范主播带货行为，促进网络直播行业高质量发展。2020年6月，中国广告协会发布《网络直播营销行为规范》，成为首部针对直播电商行业的全国性规定。2020年11月，国家广播电视总局发布《关于加强网络秀场直播和电商直播管理的通知》；国家互联网信息办公室会同有关部门起草《互联网直播营销信息内容服务管理规定（征求意见稿）》并向社会公开征求意见。这些规范性文件有助于网络直播行业淘汰无序从业者，实现长期繁荣发展。

二、国内主要直播电商平台

2019年是直播电商的元年，2020年直播电商发展呈井喷之势。以平台性质划分，直播电商可分为电商平台和社交平台。电商平台主要是传统电商平台在模块中增加直播模块，如阿里巴巴、拼多多、京东等电商平台通过增加直播模块以此增加平台流量。直播电商的社交平台主要包括快手、抖音、微视等短视频平台，将短视频、直播与电商相结合，探索内容电商化，将流量变现。以场景分类，直播电商场景分为商家自播（如淘宝、拼多多等电商平台）和达人直播（如快手、抖音等社交平台）。其中，淘宝直播电商业态发展成熟，其淘宝商家自播场次占比为90%。商家自播的用户多为品牌粉丝，达人主播则主要依托自有粉丝，其直播品牌较为丰富，粉丝对主播信任度较高。

表3.3依据平台性质划分，列举了9家国内主流的直播电商平台，并对其发展历程做了概括。从表3.3可以看出，淘宝、蘑菇街是电商平台中

发展较早的,快手、斗鱼平台是社交类直播电商平台中发展较早的。9家平台均有一定的发展实力与潜力。

表 3.3　　　　　　　　国内直播电商主要平台发展历程

类型	平台	发展历程
电商平台	蘑菇街	2016年3月,上线直播功能,打造"直播+内容+电商";2020年二季度财报显示,在整体网站成交金额(GMV)中,直播业务GMV所占比重达到39.1%,为16.29亿元人民币,同比增长了115.2%
	淘宝	2016年5月,直播功能开通,2019年淘宝直播引导成交额超过2000亿元,连续3年增速达150%以上
	京东	2016年9月上线直播功能;2018年8月召开达人大会,宣布内容达人专属扶持计划——京星计划;2019年7月京东宣布计划至少投入10亿元,孵化不超过5名红人
	网易考拉	2019年8月上线直播功能;2019年6月推出"考拉ONE物全网招募计划",目前已有1万多达人
	拼多多	2019年11月27日直播首秀;2020年以来,拼多多已在浙江、广东、山东、河北等地联手推进了"市县长产业带直播"活动,共同扶持产业带转型
社交平台	快手	2016年初上线直播功能;2018年6月,快手联合有赞发布"短视频电商导购"解决方案,快手APP的每个主播的个人主页将新增"快手小店",每个主播均可开启自己的小店
	抖音	2017年11月上线直播功能;2019年2月发布主播招募计划;2020年3月,抖音签约罗永浩
	斗鱼	早在2016年11月,斗鱼就联合淘宝、京东等平台,在众多直播间嵌入购物链接;之后又进行多次直播电商尝试,但都不了了之;2020年4月17~20日,斗鱼直播在湖北省发展改革委等多部门支持下,旭旭宝宝、YYF、一条小团团等26位顶级流量主播为湖北农产品带货
	微信	2019年3月,腾讯直播开启内测;2019年5月,腾讯针对微信公众号推出了直播工具;2019年7月,腾讯直播开始内测电商直播功能,同时微信小程序内嵌腾讯直播H5页面

资料来源:由前瞻产业研究院整理,https://f.qianzhan.com/。

当前,国内各直播电商平台用户数量也呈现出较大的差异。如图3.1所示,从2019~2020年国内直播电商用户常用直播平台TOP10数据来看,淘宝用户率最多,为48.18%;京东排名第二,用户使用率为47.45%;用户使用率较高的直播电商平台还有抖音、小红书、快手以及蘑菇街,占比分别为32.85%、22.63%、18.98%和14.6%。

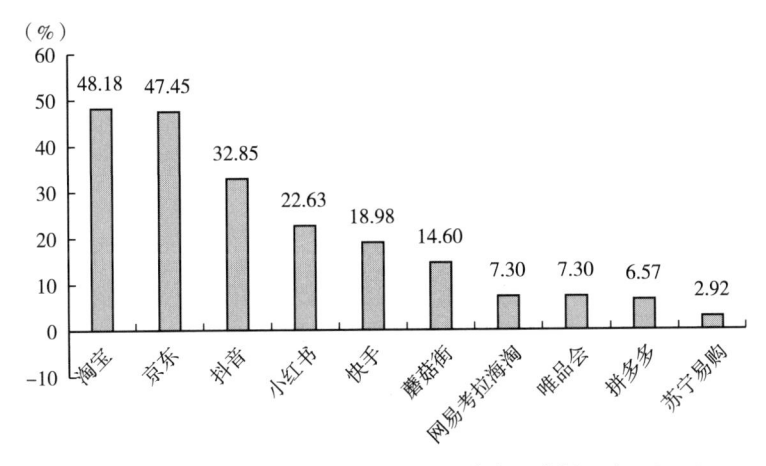

图 3.1　2019~2020 年国内直播电商用户常用直播平台 TOP10

资料来源：艾媒网。

三、国内直播电商发展主要特征

当前，国内直播电商现状进入了黄金时代，发展速度迅猛，呈现高成长性、产业化及多元化等特征。

（一）高成长性

用户规模爆发式增长。以具有代表性的淘宝直播为例，2020 年淘宝直播数量超过 2500 万场，观看数超过 1200 亿次，活跃主播数量超过 63 万，上架商品数量超过 5000 万。约 48% 用户使用过淘宝直播电商平台。

直播电商规模持续增长。据艾媒咨询显示，2020 年国内直播电商市场规模达到 9610 亿元，同比大幅增长 121.5%。预计 2021 年直播电商整体规模将继续保持较高速增长，规模将接近 12012 亿元。

国内互联网企业、品牌商家、政府等与直播平台、网红主播合作成功案例不胜枚举。2020 年 6 月，苏宁与抖音电商达成深度合作，双方在供应链服务和直播品牌 IP 打造等方面展开全方位融合。目前，苏宁易购打造的"超级买手直播间"长期位列抖音带货榜前列，同时公司也面向抖音生态输出供应链及服务。2021 年，公司将加快对直播业务的开放赋能，将公司供应链、物流、服务能力赋能给直播行业的合作伙伴，促进行业效率提升。

2020 年 6 月 21 日，周大生与快手带货一哥"辛巴"携手品牌代言人佟大为一同开启了一场珠宝专场直播，直播单场销售额创下珠宝行业直播新纪录，高达 4.12 亿元，与 300 个线下门店一年的营业总额相当。随后公司股价受此利好一路走高，并创下了年内新高。

2020年9月25日，通过政企合作，京东航天直播基地在西安落成，将进一步聚集直播产业链上下游企业，补齐产业要素，同时孵化培育本地直播行业人才梯队，构建陕西电商直播产业聚集中心，连接全国特色直播产业带。

2020年6月6日，由济南市委、市政府主导，济南市商务局、济南日报报业集团携手直播平台、各电商平台知名大咖、网红齐聚济南，在济南市全域范围内举办百期直播活动，联合千企万品开展电商直播，旨在培养挖掘一批主播、打造一批爆款、形成一条供应链、打造直播经济活动闪亮品牌。

（二）产业化

电商直播已初步形成完善的产业链条，其主要包括供应链、直播服务商、主播、渠道平台、用户以及运营、营销、数据等其他直播服务商和其他支持服务商。各方相互配合，相互合作共同构成了直播电商的产业链，缺一不可。直播电商的基础作业链条也应运而生，已形成电商平台和内容平台两类电商直播渠道，并通过多频道网络（MCN）、供应链基地、营销服务商使生态的分工细化、闭环完善。

（三）多元化

电商直播的多元化主要体现在人、货、场、直播渠道以及内容与形式分出的多种模式。

（1）"人"的多元化。以主播主体划分，可以分为商家自播和达人直播两种模式。前者以购物平台为主，主播多为品牌或店内自有员工，优势是成本低、自主性强，劣势是流量少、不具备专业素养；达人直播是在直播间汇聚各类商品集中销售，优势是依靠主播影响力吸引流量，且具备专业素养，劣势是直播成本较高且进入直播间具有一定门槛，主播马太效应非常明显，平台对头部主播的依赖性强，处于一种亚健康生态。

（2）"货"的多元化。随着直播电商的迅猛发展，目前直播商品种类已经基本覆盖了全部行业。早期直播电商以售卖穿搭和美妆为主，现在以及未来趋势是销售产品将更加多元化。各个行业的店铺都逐步进入直播间，与此同时，头部主播直播间直播商品的种类也已经扩展到各个领域，涉及食品类、生活类以及美妆类。

（3）"场"的多元化。目前最常见的直播场景为直播间，每个主播都有自己固定的直播间。随着市场认知度的提高、直播形式的丰富及5G技术的逐步应用，直播间场景不再局限于直播间，而逐步衍生到实体店铺以及原产地、供应链等直播，甚至可以与综艺节目内容相结合。

（4）"渠道"的多元化。直播渠道可以分为以人为主导或者以货为主导的流量平台。以人为主导的平台通过商品链接导向自建平台或第三方交易平台，是兼具娱乐性与购物性的直播平台，如抖音、快手等APP。以货为主导的交易平台是在原本的购物平台上嵌入直播功能，如淘宝、京东等，网购用户对原本熟悉的购物平台的信赖会较容易延伸到直播间购物中，这类平台更加受到消费者的信任和青睐。两种渠道有相互融合的态势。

（5）内容与形式的多元化。早期直播形式通常只有主播一人对产品依次介绍，助手在场外负责产品的上下架。现如今的直播通常是主播与助理同时入镜，直播过程中互动的内容与形式增多，娱乐性内容的输出量增加，让购物更成为一种娱乐体验。

任务三

了解袜艺产业直播电商案例

诸暨、辽源及海宁等均是国内袜业较为发达的城市。2020年新冠肺炎疫情加速了更多传统袜企拓展线上业务的脚步，全国各地在传统袜业数字化转型上下大力气，并取得了可喜的成绩。

（一）国际袜都：诸暨大唐

有"国际袜都"之称的浙江诸暨大唐街道的袜业企业纷纷按下线上直播销售的"加速键"，通过淘宝、京东、抖音、花椒等平台加入直播带货行列，以期抢占线上销售份额。

浙江凯诗利科技有限公司上线淘宝达人直播平台，每人每天直播时长不少于8小时。浙江东方缘针织有限公司专门组建直播团队，并新开辟了多个直播室进行多平台直播。诸暨市卡拉美拉品牌管理有限公司迅速作出反应，把之前偶尔的直播调整成每天线上直播12小时，线上的业务大幅度增加。

为助力复工复产，推动特色产品上行，大唐街道携手京喜直播共同举行"产业带溯源巡播"直播活动。2020年4月10日，京东旗下电商社交平台京喜直播"产业带溯源巡播计划"来到诸暨大唐。由京东方面组织专业主播，给予专门"坑位"、流量支持，并提供专业的直播机构指导。同时，借此活动孵化一批"带货"直播，帮助大唐袜业加快直播经济发展。大唐街道党工委书记田海斌走进活动直播间，向广大网友推介大唐袜业，从大唐袜业的发展历史、产量规模，到东方缘公司的产品特点，围绕菠萝袜、可乐袜等"网红袜"，与主播、网友们进行了直播互动，还从现场进入直播间观摩的网友中抽出了两名幸运大奖，引得网友频频点赞；直播过程吸引了 6 万余人在线观看，在线成交 3000 多单。

（二）东北辽源袜业

2020 年 3 月 20 日，在第 14 届上海国际袜业采购交易会现场，为了充分利用好上海国际袜交会这一平台，帮助企业拓展新商机，吉林东北袜业园别出心裁地采取"电商+直播"的互动"玩法"，为 100 多户会内会外园区企业在展位和 T 台秀等地进行现场直播，吸引更多网络采购商关注企业产品。仅开幕式当天，东北袜业直播平台关注量就达 2 万余人。

2020 年 3 月 26 日，阿里巴巴开展"源头产地复苏计划——辽源站"直播活动，东北袜业园内的百余家企业利用此次机会，通过直播的方式推销产品，降低疫情造成的影响，拓宽线上销售渠道。凡是本地生产厂家、批发市场商家等均可以零成本入驻"1688 商+直播"平台，开启企业网上直播卖货之路。同时，阿里巴巴产业带和"1688·辽源产业带"运营商还提供线上培训、技术咨询、营销指导等服务，为企业直播电商之路保驾护航。

（三）海宁袜业

2019 年 11 月 15～17 日，2019 中国（海宁）国际时尚精品袜子采购交易会（简称海宁袜子交易会）在海宁会展中心如期举行。来自义乌新华电商学院直播小组的同学们与大表哥直播机构的主播一起打造了此次袜交会的网上分会场，他们一部分化身现场主播，在固定直播区域向网上的观众们展示和推荐参展展商提供的产品；另一部分则以流动的形式，带领大家"看遍"展馆，从众多优质展商的展厅中直接"寻找"优质产品，在互动中更好的挖掘观众需求，实现直播带货的最终目的。会展第一天，网上分会场一个账号成交金额便达到近 20 万元，产生 76 个订单，这个数据足可证明网上分会场的成功之处！

项目小结

随着 2019 年"直播电商元年"的开启，直播带货蓬勃发展，直播电商规模持续增长。根据中国互联网络信息中心发布的第 47 次《中国互联网络发展状况统计报告》显示，截至 2020 年 12 月，我国电商直播用户规模达 3.88 亿，占网民整体的 39.2%。受新冠肺炎疫情影响，营销环境和消费环境发生巨大改变，传统线下销售被迫转至线上，直播销售额猛增，也加速了直播带货的发展。本项目简要地梳理了直播电商概念、国内直播电商主播发展状况、国内直播行业发展历程及国内直播电商发展状况。当前国内直播电商发展如火如荼，直播电商产业竞争激烈；主播带货能力呈现出较强的马太效应；国内直播电商发展表现出高成长、产业化及多元化等特征。在直播电商所有商品类目中，袜子虽是其中一个小类目，但作为生活必需品，传统袜业企业同样面临着数字化转型，也正在发挥直播电商的赋能作用，其新零售业态日新月异。

复习与讨论

1. 国内直播电商的元年是哪一年？
2. 国内有哪些头部直播电商平台？
3. 国内直播电商平台可划分为哪些类型？
4. 淘宝、快手、抖音等平台上有哪些头部主播？
5. 如何评价主播直播带货能力？
6. 政府是如何发挥直播电商作用的？
7. 国内袜业直播电商发展状况如何？

项目实训

1. 以3~5人为一个小组，选取诸暨、义乌、海宁及辽源等城市，就所选地区的袜艺直播电商发展状况开展调研，并撰写调研报告。
2. 对淘宝、京东、抖音等直播电商平台上从事袜子直播的商家展开调查，尝试找出带货能力强的商家，并分析其直播带货的成功做法。
3. 以具体某个网红主播为例，通过网络搜索相关资料，分析网红主播成功带货的经历与经验。

参考文献

[1] 中国网信网. 第47次《中国互联网络发展状况统计报告》（全文）[EB/OL]. http://www.cac.gov.cn/2021-02/03/c_1613923423079314.htm，2021-02-14.

[2] 和讯名家. 直播电商经济：概况、历程与未来 [EB/OL]. http://opinion.hexun.com/2020-08-11/201849820.html，2021-02-15.

[3] 艾媒网. 直播电商行业数据分析：中国48.18%用户使用淘宝直播电商平台 [EB/OL]. https://www.iimedia.cn/c1061/76840.html，2021-02-15.

📓 **本项目课件**

项 目 四

袜品电商直播准备

项目描述

在前面三个实训项目中读者学习了袜子产品、袜艺产业状况及直播电商等系列知识,为袜品电商直播带货实践打下了一定的理论基础。袜品电商直播学习的另一关键为直播带货实践操作,当前国内从事电商直播的平台很多,本教材作者选取了抖音直播平台,与读者分享袜品的抖音电商直播带货实践。

项目分析

为了让初学者学会电商直播带货基本操作技能,了解抖音平台直播带货的基本操作,本项目以诸暨市抖进针纺织品网店为例,为读者设计了抖音账号注册与企业认证、直播选品及通过抖店创建小店商品三个实训任务。

项目目标

知识目标

- 了解抖音账号注册过程。

- 了解抖音账号企业认证过程。
- 了解直播选品重要性及方法。
- 了解通过抖店创建小店商品过程。

能力目标

- 熟悉抖音账号注册过程的操作。
- 熟悉抖音账号企业认证过程的操作。
- 熟悉抖店创建小店商品过程操作。

育人目标

- 在抖音账号企业认证过程中，应有法律意识；在直播选品的过程中，电商直播团队应树立遵守国家相关法律法规意识。

任务一

熟悉袜品电商直播抖音账号开通与设置操作

一、抖音企业账号认证

开通企业号是在抖音平台上从事直播带货的第一步。抖音是目前国内非常火爆的短视频软件之一，随着用户量的与日俱增，许多商家抓住商机，开始在抖音平台宣传自己的商品。抖音企业号认证则是快速地提升企业品牌知名度的一种渠道。企业号是企业商户在抖音平台上的经营阵地，能够帮助企业面向抖音海量用户"打品牌、找客户、做推广、带销量"，帮助商家经营好生意。抖音利用企业号认证的功能帮助商家获得更多的曝光，从而进行推广。抖音账号的企业号身份关乎商家最为实用和关切的权益，包括广告视频特权、不被广告评级、外挂官网外链、产品转化获取精准客户、综合电商橱窗精细化管理、店铺信息丰富展示等。因此，本任务将向各位读者展示抖音认证企业号的详细步骤。

（一）步骤1：营业执照上传

选择行业分类（与营业执照经营范围相一致）、公司注册地、公司经营地，填写完成后提交，如图4.1所示。

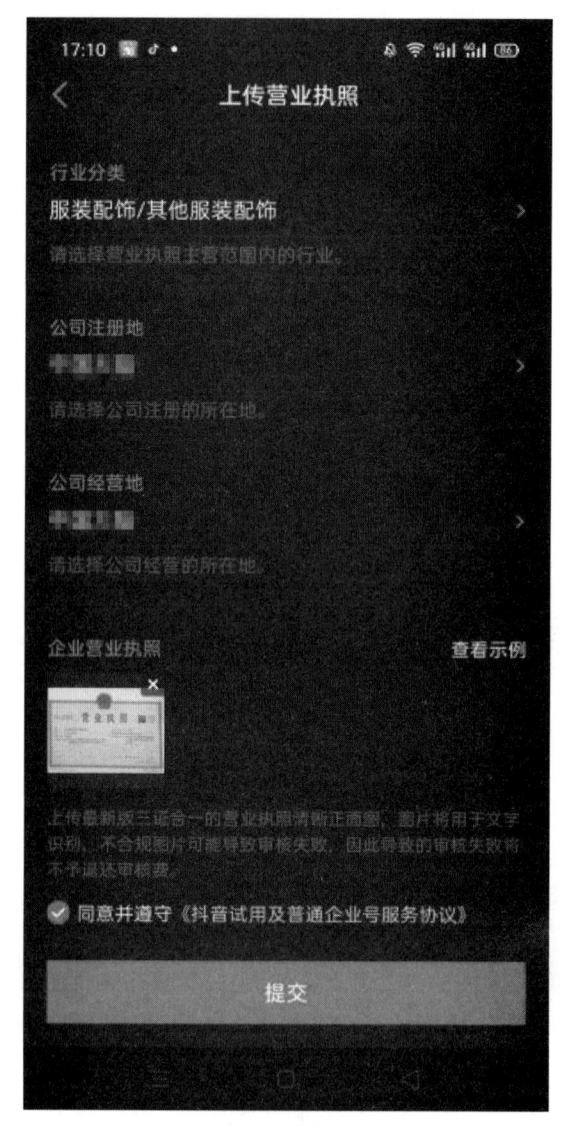

图 4.1 上传营业执照

营业执照通常根据直播平台的要求，可以是个体户、企业等类型。

(二) 步骤 2：进行企业验证

页面提示用户进行企业验证。需提前准备好法人身份照片（企业主体无须提供），对公打款与公函的验证方式二选一即可，如图 4.2 所示。

企业号本身具有独特的权益，一个品牌想在抖音入驻，第一步需要认证，抖音企业认证主要是抖音针对企业诉求提供的"内容+营销"的平台，为企业提供免费的内容分发和商业营销服务。

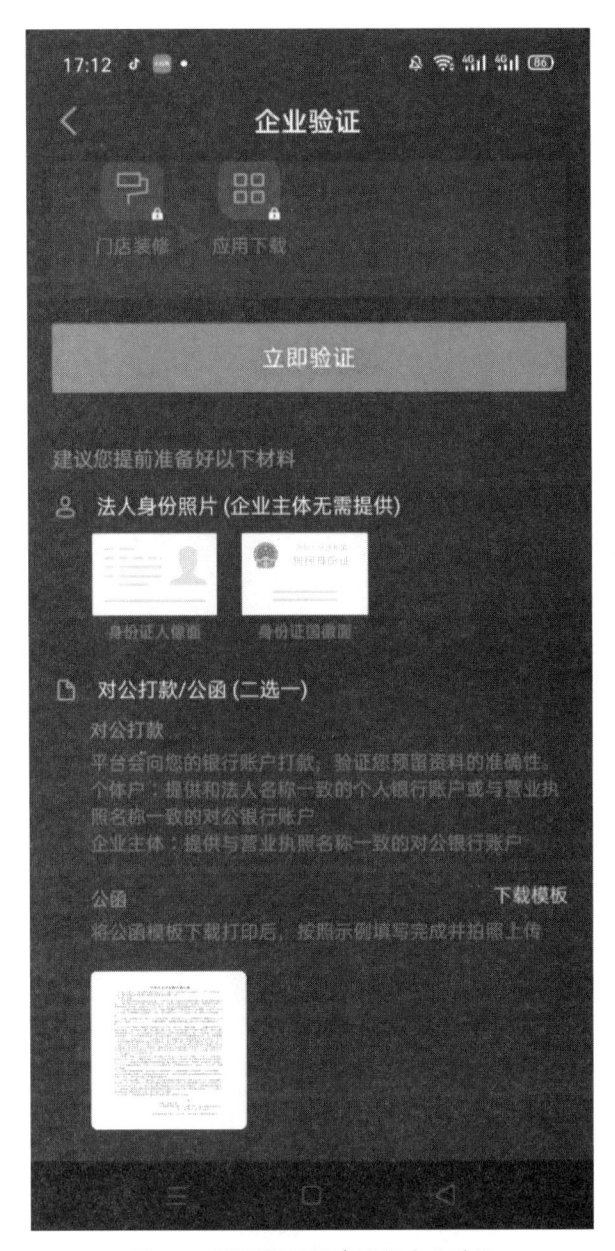

图 4.2　页面提示用户进行企业验证

（三）步骤 3：填写企业信息

企业验证的第一步为填写企业信息。企业信息包括商家类型、是否有实体门店、企业名称、法人身份证等等。填写完成后提交，如图 4.3 所示。

图 4.3　填写企业信息

在提交前有一个选填项：邀请码。这个邀请码是只有抖音认证代理商才有的，每个邀请码代表对应的抖音认证代理商。

（四）步骤4：完成对公验证

企业验证的第二步是完成对公验证。抖音平台为用户提供对公打款和公函两种对公验证方式，二选一即可。此处将两种方式均展示，如图4.4～图4.7所示。

（a）　　　　　　　　　（b）

图4.4　对公打款

填写相关信息并确认完成对公打款验证。

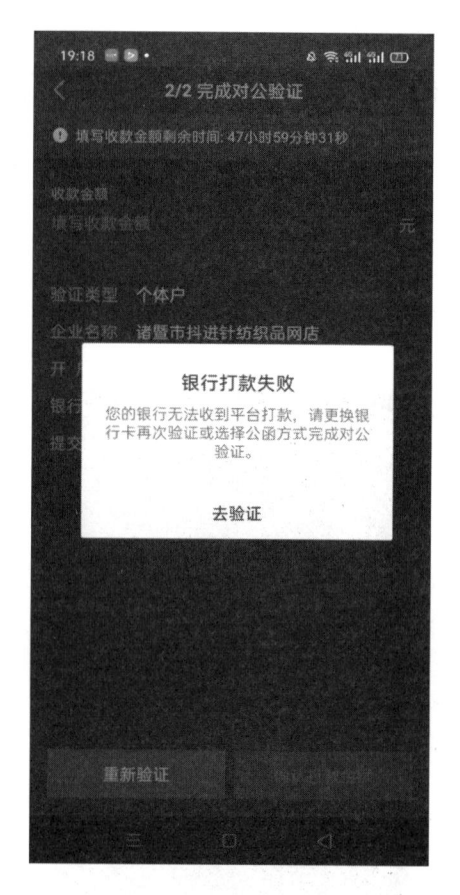

(a) (b)

图 4.5 等待打款

此时需注意：若填写的银行无法收到平台打款，则会导致对公验证失败，需更换银行卡再次验证或选择公函方式验证。

（五）步骤 5：等待审核

提交所有资料后，账号将处于审核中的状态，如图 4.8 所示。

（六）步骤 6：进行进一步企业验证

点击上一步骤图 4.8 中的"继续解锁特权"，即可进一步进行企业认证，如图 4.9 所示。

图 4.6　上传公函

图 4.7　抖音企业号功能申请公函

图 4.8　企业认证审核中

此时需等待抖音的专属审核服务人员联系用户反馈审核结果。

图 4.9　进行进一步企业验证

进一步企业验证可为商家解锁更多权益，包括企业蓝 V 标识、商家主页、昵称唯一、私信自动回复等。

（七）步骤 7：填写资料及支付审核费用

填写资料，并支付 600 元审核费用，如图 4.10、图 4.11 所示。

(a)　　　　(b)

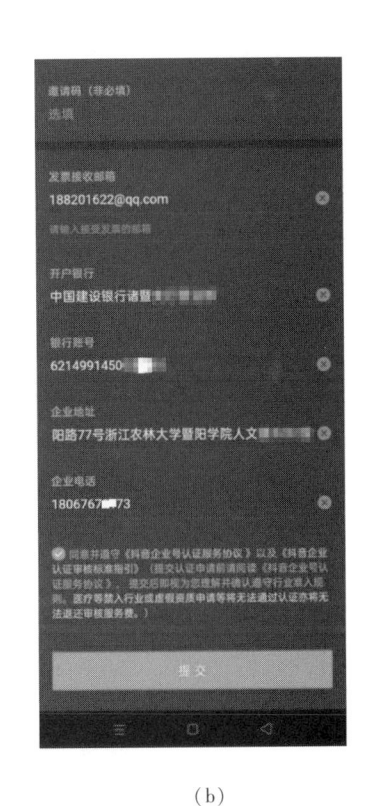

图 4.10　填写资料

需注意：企业认证一年有效，需参加年审。
需注意：审核费用不能退还。

（八）步骤 8：等待审核

支付成功后，账号仍处于"审核中"的状态。此时需等待抖音的专属审核服务人员联系用户反馈审核结果，如图 4.12 所示。

(a) (b)

图 4.11 支付审核费用

图 4.12 企业认证审核中

专属审核服务人员将通过预留的手机号和邮箱发送短信或邮件，需注意查收。短信或邮件日期一般在申请后的两三天内。

二、申请抖音小店

抖音小店是为品牌方、商家等提供的电商平台，是抖音内部的电商变现工具。小店商品是直接在抖音完成交易的，不需要跳转至第三方，可以减少用户流失率。2020年10月9日以后，根据抖音平台规则，在抖音直播中只能挂小店商品，即开通抖音小店才能在抖音直播中变现。店铺开通后，可以在商家的头条号、抖音、火山个人主页展示商家专属的店铺页面，商品可通过微头条、视频、文章等多种方式进行展示曝光。粉丝可以在今日头条、西瓜视频、火山、抖音APP内进行内容获取、商品购买，购买用户可以直接转化成为粉丝，帮助商家形成完整的流量闭环，获得更大的成交与收入。

以下为抖音小店申请的七个步骤。

（一）步骤1：开通小店

在抖音中找到"小店简介"界面，点击"立即开通"，如图4.13所示。

图4.13 小店简介

小店是提供商家售卖服务的电商平台，旨在为用户提供便捷、高效的商品管理与售卖功能，帮助用户将自身流量转化为收益。

（二）步骤2：选择认证类型

认证类型需谨慎选择，成功入驻后无法更改，如图4.14所示。

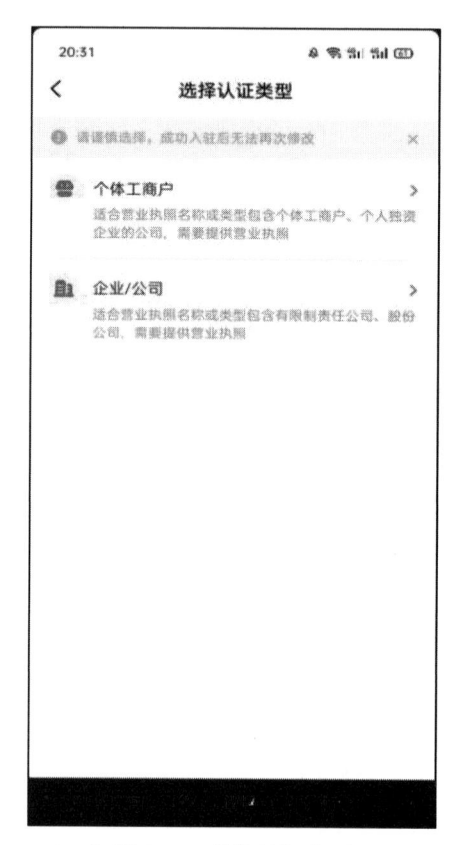

图4.14 选择认证类型

认证类型分为"个体工商户"与"企业/公司"两类。用户根据自身情况进行选择即可。

（三）步骤3：填写主体信息

需填写的部分信息为在申请、认证企业号时已填过的信息，如图4.15所示。

(a)　　　　　　　　　　　　(b)

图 4.15　填写主体信息

主体信息包括不可编辑的信息与可编辑信息。用户只需填写可编辑信息即可。可编辑信息包括营业执照图片、公司名称、统一社会信用代码、经营者信息等。

（四）步骤 4：等待平台审核

店铺信息填写完毕后，需等待抖音平台审核，如图 4.16 所示。

入驻资料提交成功后，预计在 1~3 个工作日反馈审核结果，此时需用户耐心等待。审核通过后，才可进行下一步的验证。

（五）步骤 5：进行账户验证

审核通过后，进一步填写信息进行账户验证，如图 4.17 所示。

图 4.16　等待平台审核

图 4.17　账户验证

此时大部分信息为不可编辑信息。用户只需填写经营者银行卡号、银行预留手机号以及验证码。

（六）步骤6：交纳保证金

申请抖音小店必须支付保证金，支持支付宝充值，如图4.18所示。

图4.18　交纳保证金

保证金根据抖音小店店铺选择的主营类目缴纳，如选择多个一级类目时，保证金按所选类目对应的最高保证金缴纳，保证金可退。

（七）步骤7：抖音小店申请成功

申请成功后，可在账号主页查看小店各项服务，如图4.19所示。

图 4.19 抖音小店申请成功

　　用户可在"我的小店"中使用"商品管理""订单管理""售后管理"等功能对商品、订单等进行管理。

任务二

了解直播选品

疫情之下，国内直播席卷各行业，传统的"淘宝电商直播"迈入"泛直播电商"时代，直播间数量呈几何级增长，竞争日益激烈，大部分商家却因缺乏直播经验和专业能力，难以拥有较强的带货能力。电商直播带货离不开"人货场"的协同与匹配。电商直播带货的目的是实现消费者对主播直播间相关产品的持续性购买，货是整个直播中的关键，足够多的货、足够优惠的货，以及货的售后服务等最终都可以影响到主播和主播之间的竞争，直播带货应做好选品，才能实现商家、消费者以及平台等多方共赢。

一、直播选品标准

对于一场成功的带货直播而言，选品是第一要务。规范化的电商直播需要商家在选择产品之前就制定明确的标准，实现规范化选品。关于直播选品标准，因商家不同而不同，未必就有完全一致性。

（一）产品渠道正规合法

2020年3月，中国消费者协会在京发布《直播电商购物消费者满意度在线调查报告》，结果显示六成消费者担心商品质量没有保障。电商直播带货作为消费者网络购物的重要方式之一，需要严把产品质量关。为确保产品以及售后服务质量，主播应选择来自正规合法企业的产品。

扫一扫

直播电商购物
消费者满意度
在线调查报告

（二）产品应时应景

电商直播带货需要紧跟市场趋势，产品是否应季显得尤为重要，主播们要选择和时令相匹配的产品，尽量避免选择过季产品作为主推产品。

（三）产品卖点明确

产品的卖点是打动消费者的关键。选择在外观、款式、质地、功能等方面拥有较为显著特点的产品，才会有市场，才可以帮助主播打破消费者心理防线，促成消费者购买行为。

（四）产品销量高

销量高的产品具有较为成熟的消费市场，容易被消费者接受。在直播带货的前期，可以选择销量较高的产品，以带动用户的消费欲，同时积累用户的信任感。

二、直播选品技巧

与传统电商的选品相比，直播带货选品与之既有共性，也有差异性存在。直播带货选品还需要考虑"人货场"的协同与匹配等问题，显得更复杂一些。以下仅列举一些选品的小技巧，在直播带货选品实践中，仍需要利用诸多数据及分析工具。

（一）选择颜值高的产品

主播在选择产品时应尽量选择一些外观漂亮、设计感强的产品，以抓住消费者的眼球，使消费者产生购买意愿。

（二）选择品质过硬的产品

电商直播带货，主播的信誉至关重要。如果产品存在质量问题，会直接影响主播的形象和人设。主播在选品时要重点关注品质过硬的产品，如得到权威机构认证、业内口碑极佳的产品等。

（三）选择复购率高的产品

电商直播过程中产品的购买频次不但会影响主播的收益，还会影响粉丝的活跃度，故可以尽量选择一些复购率较高的产品，比如零食、日用品、化妆品等快消品。如果购买后体验良好，粉丝就会选择在主播的直播间再次购买。

（四）选择性价比高的产品

电商直播带货的核心不只是主播和产品，产品的性价比更为重要。高性价比产品在直播带货中更具有优势，可吸引消费者目光。例如，淘宝主播薇娅直播带货的产品永远都会给粉丝"全网最低价"且"无条件退换"的福利，最大限度地保证消费者的权益，也让消费者对主播产生极大的信任感，提升了复购率。

（五）选择便于运输的产品

物流是影响客户体验的重要因素，每一次愉快的购物体验可以为以后的购物奠定基础。主播应尽量避免选择不便运输、易碎、易烂的产品。

（六）根据粉丝需求选品

主播在选品时还要充分考虑到自身直播账号上粉丝的需求。卖粉丝需要的产品才可能获得较高的回报，并稳固自己的粉丝群体。李佳琦的公众号中就设有专门的"产品许愿"板块，让粉丝表达需求，这为其后期的选品提供了重要参考。主播要随时关注粉丝在直播间提出的需求，有的主播甚至会在直播的最后直接在直播间询问粉丝的需求，这样做不仅可以直接获取到粉丝的需求，同时也可以让粉丝产生一种"主播下次会卖我需要的产品，我下次还来他的直播间"的期待感。

（七）直播带货选品与账号定位属性相关联

主播直播账号如果主攻美妆，直播带货选品尽量选择美妆相关产品，一方面你对产品的熟悉度高，另一方面也符合粉丝对账号的预期，更有助于提升产品转化。

（八）主播亲自试用产品

主播自己使用过产品，才能知道产品到底是不是一款好产品，是不是适合粉丝消费群体需求，有哪些特性，该怎么使用，直播时怎么去给粉丝讲解和推荐。

任务三

熟悉抖店创建商品操作

"抖店——抖音电商入驻平台"是抖店官网,即抖音小店官方入驻平台,具有多渠道流量、一站式覆盖、精准智能推荐内容营销玩法、沉浸式全品类商品转化场景等特点。通过抖店官网,商家可以实现线上的店铺管理,包括商品创建和管理、订单查询、发货、售后、结算等基础操作。任务三将向各位读者展示利用"抖店——抖音电商入驻平台"创建小店商品的详细步骤。

一、步骤1:登录抖店官网

抖店官网网址为 https：//fxg.jinritemai.com/login。进入抖店官网后,选择合适的方式登录,如图4.20所示。

图4.20 抖店登录页面

首页右侧为登录区域。一共有五种登录方式，即手机登录、邮箱登录、抖音登录、头条登录、火山登录，商家可根据需要选择相应的登录方式即可。

登录成功后页面如图 4.21 所示。页面左侧为菜单栏，包含商品、订单、售后、物流、数据、资产、店铺、服务市场、奖惩中心等菜单。商家可以通过这些菜单对自己的抖音小店进行管理。

图 4.21　抖店管理后台首页

二、步骤 2：点击"商品创建"

选择商品类目。抖音为商家提供了八个大类，商家根据销售商品选择类目即可。若商家无法确定该选择何种类目，可输入关键词搜索分类。此处选择"内衣裤袜 > 袜子 > 短袜"，如图 4.22 所示。注意：请按照商品类别谨慎选择对应类目，若错放类目将会导致商品封禁或扣除保证金。

图 4.22　选择商品类目

三、步骤3：填写商品信息

抖店将需填写的商品信息分为基础信息、图文信息、价格库存、服务与资质四部分。其中带红色"＊"的信息为必填信息，其他信息可不填。必填信息需全部填写才可发布商品。此例只填写必填信息，商家可根据自身需求选择要填写的信息，如图4.23～图4.26所示。

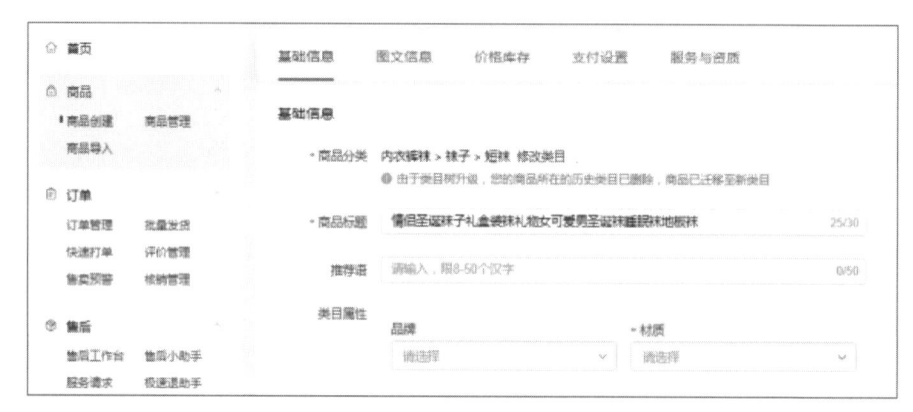

图4.23 填写基础信息

如图4.23所示，必填基础信息包括商品分类、商品标题、材质、支付方式、订单库存技术、同店商品推荐。

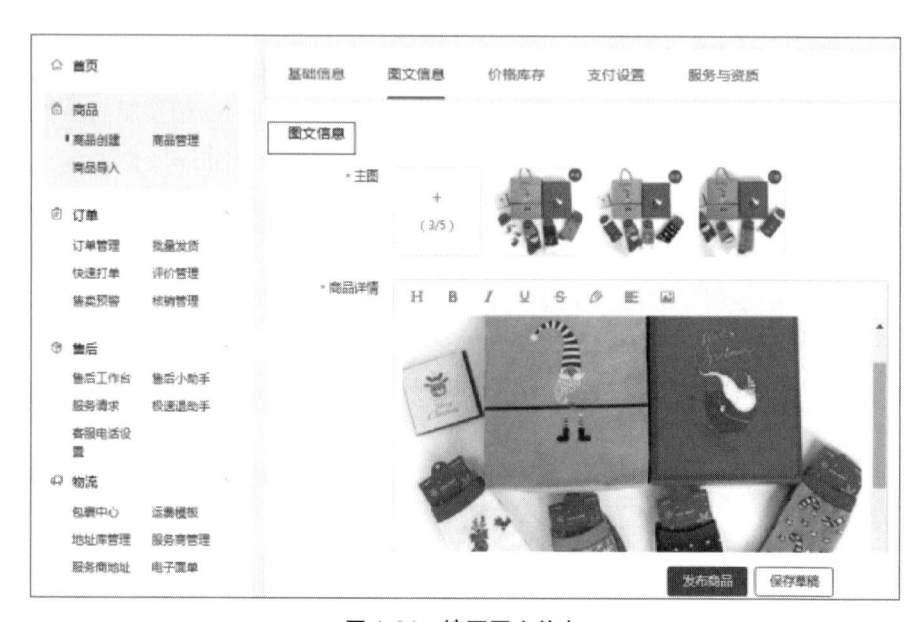

图4.24 填写图文信息

图 4.25 填写价格库存信息

如图 4.25 所示,这一部分填写的信息包含商品划线价、商品规格、库存等。

图 4.26 填写服务与资质信息

如图 4.26 所示,"提取方式"为必填信息。商家可选择抖音已有的"包邮"模板,或者新建模板来说明自己的物流方式。

四、步骤4：发布商品

所有信息填写完毕后，点击页面最下方的"发布商品"按钮即可提交商品信息供抖音官方审核。抖音官方审核通过后，商品即可成功在抖音小店上架，如图4.27所示。

图4.27 发布商品

商家若不想立刻发布商品，可选择"保存草稿"，即可将已填写的信息进行保存，日后可再编辑。

五、步骤5：等待审核

点击"发布商品"后，页面会出现"提交成功"的提醒语句。这表明商品提交成功，需审核通过后生效，审核周期为1~2个工作日。商家可以在"发布记录"中查看审核进度。如图4.28所示。审核成功后，商品就会出现在"商品管理"菜单中。

商家此时可查看线上商品即抖店商品，也可继续发布商品。一般情况下，提交商品信息后，如无意外，审核很快即可通过，无须等待1~2天。

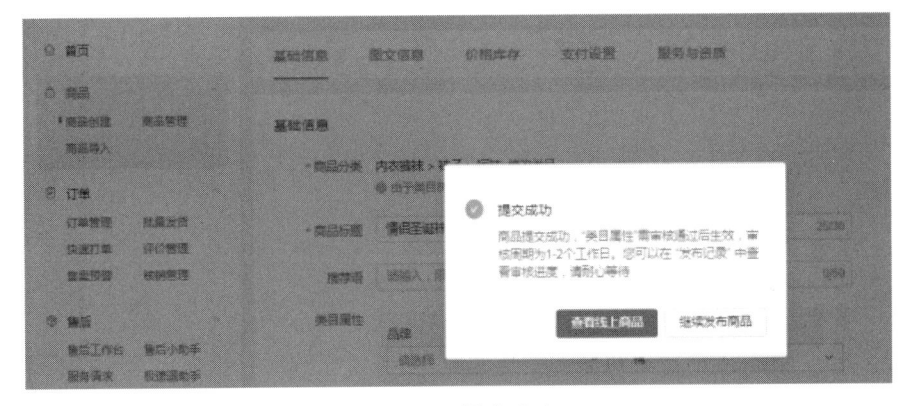

图 4.28　提交成功

项目小结

在电商直播带货实践开展前,首先需要考虑入驻一个直播平台,通常包括电商直播平台及社交直播平台;平台确定好之后,主播及其团队需要根据平台特点、粉丝需求等做好直播电商选品工作;最后,需要将电商直播带货商品上传到直播平台。本项目以抖音为直播带货平台,翔实地描述了抖进针纺织品网店抖音直播带货账号注册、企业认证及产品上新的具体步骤;同时为学习者介绍了直播选品的标准及技巧,旨在让初学者掌握直播带货前的相关理论与技能。

复习与讨论

1. 电商直播选品是否存在标准?
2. 电商直播选品有哪些技巧?
3. 商家入驻抖音平台有哪些具体的操作?
4. 抖店产品上新有哪些具体操作?

项目实训

1. 以3~5人为一个小组,以袜子产品为例,开展抖音直播选品尝试,并进行小组讨论与汇报。

2. 结合抖进针纺织品网店的抖音直播选品需求,尝试将合适的产品上新到该抖音小店。

参考文献

[1] 人力资源社会保障部教材办公室组织编写. 电商直播 [M]. 北京：中国劳动社会保障出版社，2020.

[2] 抖店 [EB/OL]. https://fxg.jinritemai.com/login.

本项目课件

项目五

短视频创意与制作

项目描述

　　短视频在直播电商带货过程中起到了非常重要的作用。高质量短视频的生产需要具备一定的专业知识。什么是短视频，短视频有哪些特点，有哪些类型的短视频，有哪些短视频平台，短视频营销有哪些优势，短视频如何拍摄与剪辑等，对于初学者或打算做直播电商的商家来说，均需要全方面的了解，并掌握软件的基本操作技能。

项目分析

　　为了让读者更快、更好地了解短视频概念、短视频创意、短视频拍摄与剪辑基本技能，本项目特设计了短视频概念了解和熟悉主播人设短视频、产品宣传短视频创意与制作两个实训任务。

项目目标

知识目标

- 了解短视频概念。

- 了解短视频特点。
- 了解短视频的类型。
- 了解国内短视频的主要平台。

能力目标

- 熟悉主播人设短视频创意与制作。
- 熟悉产品宣传短视频创意与制作。
- 学会使用剪映 APP。

育人目标

- 在短视频生产过程中,主播应在平台上搭建有营养的价值内容体系,主播人设短视频内容应充满正能量及拥有正确的三观;做产品宣传短视频时应遵守直播电商相关的法律法规。

任务一

了解短视频概念及作用

一、短视频概念

短视频是指以新媒体为传播渠道,时长控制在 5 分钟之内的视频内容,是继文字、图片、传统视频之后新兴的又一种内容传播媒体。它融合了文字、语音和视频,可以更加直观、立体地满足用户的表达、沟通需求,满足人们之间展示与分享的诉求。

二、短视频特点

不同于微电影和直播,短视频制作并没有像微电影一样具有特定的表达形式和团队配置要求,它具有生产流程简单、制作门槛低、参与性强等特点,又比直播更具有传播价值。超短的制作周期和趣味化的内容对短视频制作团队的文案以及策划功底有着一定的挑战,优秀的短视频制作团队通常依托于成熟运营的自媒体或 IP,除了高频稳定的内容输出外,也有强大的粉丝渠道。短视频的出现丰富了新媒体原生广告的形式。

（一）短小精悍、内容有趣

短视频时长一般在 15 秒到 5 分钟之间。相对于文字图片来说,视频能够带给用户更好的视觉体验,在表达时也更加生动形象,能够将创作者希望传达的信息更真实、更生动地传达给受众。因为时间有限,短视频展示出来的内容往往都是精华，符合用户碎片化的阅读习惯，降低人们参与的时间成本。短视频有个核心理念——时间短，视频时长能控制在 15 秒，前 3 秒抓住用户。

（二）互动强，社交黏性高

短视频是社交的延续，是一种信息传递的方式。在各大短视频应用中，用户可以对视频进行点赞、评论，还可以给视频发布者私信，视频发布者也可以对评论进行回复。这加强了上传者和用户之间的互动，增加了社交黏性。

（三）草根性

短视频大大降低了生产传播门槛，即拍即传，随时分享。短视频实现了制作方式上最简单化，一部手机就可以完成拍摄、制作、上传分享。目前主流的短视频软件中，添加现成的滤镜、特效等功能则使制作过程更加简单，功能简单易懂，软件使用门槛较低。短视频的兴起，让大部分草根短视频创作者火了起来，如在抖音上热度不减的杜子建、忠哥、李子柒、Papi 酱等草根明星。

（四）搞笑娱乐性强

《陈翔六点半》《万万没想到》等节目团队的制作内容大多偏向创意类轻喜剧，该类视频短剧以搞笑创意为主，迅速在网上获得了大批粉丝。这些带有娱乐性、轻松幽默的短视频很大程度上缓解了人们来自现实中的压力，在业余休息时间打开一看，能给枯燥的生活带来一丝丝乐趣，甚至能让观看者有"上瘾"的感觉，不看就会感觉缺少些什么。

（五）创意剪辑手法

短视频常常运用充满个性和创意的剪辑手法，或制作精美震撼，或运用比较动感的转场和节奏，或搞笑鬼畜，或加入解说、评论等，让人看完一遍还觉得不过瘾，想再看一遍，如最近比较火的 Vlog（视频博客），在抖音上引起众多人跟风拍摄。

（六）内容更具个性化和创意

相比文字，视频内容能传达更多更直观的信息、表现形式也更加多元丰富，这符合了当前"90 后""00 后"个性化、多元化的内容需求。短视频软件自带的滤镜、美颜等特效可以使用户自由的表达个人想法和创意，视频内容更加多样，内容更加丰富。

(七）符合快餐化的生活需求

短视频的时长一般控制在 5 分钟之内，内容简单明了。现在快节奏的生活使得用户在单个娱乐内容所占的时间越来越短，短视频则更符合碎片化的浏览趋势，充分利用用户的零碎时间，让用户更直观便捷地获取信息，主动抓取更有吸引力、有创意的视频，加快信息的传播速度。

三、短视频类型

（一）情景微电影

该类视频短剧多以搞笑创意为主，这类情景剧在互联网上有非常广泛的传播热度。如"套路砖家""陈翔六点半""报告老板""万万没想到"等团队制作内容大多偏向此类表现形式。

（二）个性化剪辑

利用自身剪辑技巧再结合独特的创意灵感，或制作精美震撼，或搞笑鬼畜，有的加入解说、评论等元素，也是不少广告主利用新媒体短视频植入新媒体原生广告的一种方式选择。

（三）街头随采

街头随采也是目前不少短视频玩家很青睐的一个形式，其制作流程简单，话题性强，深受都市年轻群体的喜爱。

（四）草根恶搞型

以快手为代表，大量草根借助短视频风口在新媒体上输出搞笑内容，这类短视频虽然存在一定争议性，但是在碎片化传播的今天也为网民提供了不少娱乐谈资。

（五）短纪录片

内容形式多数以纪录片的形式呈现，内容制作精良，其成功的渠道运营优先开启了短视频变现的商业模式，被各大资本争相追逐。

（六）网红 IP 型

Papi 酱、回忆专用小马甲、艾克里里等网红形象在互联网上具有较高的认知度，其内容制作贴近生活，庞大的粉丝基数和用户黏性背后潜藏着巨大的商业价值。

（七）实用技能分享

短平快讲授生活实用技巧，迅速得到大家喜欢，随着短视频热度不断提高，技能分享类短视频也在网络上有非常广泛的传播。

四、短视频营销的优势

（一）互动性更灵活、沟通更方便

短视频营销很好地吸取了网络营销互动性强的优点，几乎所有的短视频都可以进行单向、双向甚至多向的互动交流。对于企业而言，短视频的这种优势能够帮助企业获得用户的反馈信息，从而更有针对性地对企业自身进行改进。对于用户而言，可以通过与企业发布的短视频进行互动，从而对企业的品牌进行传播，或者表达自己的意见和建议。此外，互动性使得短视频能够快速地传播，还能使得企业营销实现有效的提升。

（二）低成本打造高效的传播

与传统营销相比，短视频营销成本比较低，即制作成本低、传播成本低及维护成本低。

（三）购物方式快捷方便

短视频可与电商、直播等平台结合，实现更加直接的赢利。它的高效性就体现在消费者可以边看短视频，边对产品进行购买。

（四）容易锁定目标客户，实现精准营销

短视频营销具有指向性强的优势，它可以准确找到企业的目标受众，从而达到精准营销的目的。短视频平台通常会设置搜索框，对搜索引擎进行优化，目标客户一般都会在网站上对关键词进行搜索。

（五）迅速传播，激发兴趣

短视频营销还拥有传播速度快、难以复制的优势，短视频能够迅速地在网络上传播开来，再加上其时间短，适合现在快节奏的生活，故更能赢得广大受众的青睐。此外，用户在与短视频进行互动的过程中，不仅可以点赞、评论，还可以转发。一条包含精彩内容的短视频，如果能够引发广大用户的兴趣并被他们积极转发，那么就很有可能达到病毒式传播的效果。

（六）营销效果可数据化跟进

短视频传播和营销效果可进行数据分析。短视频营销数据大致包括点击次数、浏览量、转载次数、粉丝数量、评论人数以及互动效果。商家可分析衡量短视频营销的具体效果，筛选出可以促进销量增长的短视频，给市场营销方案提供正确的引导。

五、短视频各平台不同的优势和特点

（一）抖音

抖音的定位是有趣、好玩、时间短，在快节奏的前提下，为用户带来新奇、又具有魔性效果的视频，抖音一线城市用户居多，抖音上特效视频更多一些。抖音名气更大些，全球用户多，国际化很成功的软件。

产品营销效率高。抖音短视频是拥有全新流量的价值洼地、有群体参与的口碑爆发地、有行为驱动的爆款孵化器。

用户转化率高。具有一定的趣味性以及用户跟随模仿的自我满足，完全掩盖了"广告"本身，让品牌露出更为自然。

品牌认知广泛。抖音可以给品牌带来更碎片化、更具视觉化的品牌内容输出，填补了微信、微博端的空白区。

（二）快手

快手二、三线城市用户居多，快手比较写实，粉丝忠诚度高。

信任感高，带货能力强。快手曾经在"双11"前举办一次组团卖货的活动，联合众多品牌商家，创造了令人惊喜的成绩，比如"××哥"以一己之力当天带货超过1.6亿元，快手带货能力是实至名归的超强。快手热销榜的产品主要有零食、美妆、服饰、农副产品、钓鱼、健身产品等。

超高日活跃用户数量（DAU），保证品牌实现曝光。活跃用户越多，做品牌曝光的效果越好。快手平台日活跃用户数量达到2亿，远高于其他平台的日活跃用户数量，可以保证广告主进行品牌宣传推广时，实现有效的曝光。

老友走心风格，卖货更简单。快手平台的用户主要还是三、四线的小镇居民，他们非常热衷于分享自己的生活，通过真实、质朴的内容引起其他用户的共鸣。很多红人都是推广自己的产品，比如"胡颜雪雪姐优选"，通过和粉丝唠嗑、分享护肤心得等方式，推广自己的美妆产品。快手粉丝的忠诚度比抖音等其他短视频平台要高些。

(三) 拓今直播

拓今直播是一个娱乐直播为主营业务的弹幕视频直播+互动平台。拓今直播以知识+娱乐+电商直播为主，涵盖知识、资讯、电商、娱乐、游戏综艺、教育、医疗、户外、公益、体育等多种直播内容。

充沛精准流量。拓今直播平台流量充足，对每个用户流量平衡、无须购买流量。越早入驻平台具有优先推荐权，可优先推广账户。

更好的变现方式。平台包含短视频打赏、直播打赏、直播带货、开通小黄车等多种变现方式。

独特的政策优势。对合作机构或个人相较其他平台指标要求更低；主播的政策较好，分成比例高于其他平台；企业可在平台开通多个企业号，便于企业推广。

(四) B站

B站（哔哩哔哩，bilibili）最大的特点为弹幕，B站提供滚动弹幕、顶端弹幕、底端弹幕三种弹幕模式。用户可以利用弹幕来发表一些自己的见解、想法。有很多纯科普性的视频，通过这些科普性的视频可以学到很多的知识。

B站拥有一些技术上和文化上的优势，在这个网站上面，视频的审核速度相当之快，并且对于用户所反映的问题，反馈非常及时。博主质量较高，粉丝忠诚度高。

任务二

熟悉短视频创意与制作步骤

一、主播人设短视频

（一）主播人设的概念及基本要素

主播人设通俗地讲就是主播在其短视频内容中或者直播间里想要塑造一个怎样的形象，从着装打扮、脾气性格、语言语调及通过直播内容表达出的个人好恶、价值观念都是主播人设的一部分。通过主播人设，拍摄带货短视频，通过专属人设、打造专业度来增加用户信任并产生共鸣。打造主播人设时最好不要去挑战跟本人现实生活中差异太大的设定，否则难以保证持续性的输出。打造主播人设需要注意以下基本要素：

（1）主播的形象和个性。它指的是主播的外貌特征或者怪癖等能不能给观众留下记忆点，比如幽默、乐观、迟钝、憨厚等。

（2）主播兴趣爱好。比如主播喜欢做饭、喜欢养宠物，那么主播的人设可以是一个厨娘、猫奴等。

（3）主播周围的环境和人。它可以是风景、物品、励志队友等，这些都能够用来强化主播的人设。

（4）满足大众某类需求。比如励志类可以针对年轻人对未来充满希望，满足激发年轻人奋发图强的情感需求。

（5）市场差异化。主播人设和同类型的账号相比存在不一样的地方。虽然，短视频内容不是搞笑、美食，就是情感、旅游、汽车等，但可以做

"赛道叠加"；做搞笑的人太多了，但可以考虑做"搞笑+美食""搞笑+美食+体育"。

（6）可持续性。主播人设是否可持续，需要源源不断地产生内容，否则只是昙花一现，用户很快就会把你忘记。

（二）主播人设短视频制作关键步骤

1. 素材及相关准备

手机或数码相机一只，在手机上安装剪映 APP。视频制作团队根据事先准备好的创意文案拍摄一定质量的视频及图片。为了较好地发挥风格、滤镜、美颜等功能，视频拍摄也可以直接用手机剪映 APP 来进行，建议采用竖屏拍摄。

2. 视频剪辑步骤

步骤 1：登录剪映 APP。打开剪映 APP，使用抖音登录，进入视频剪辑页面，如图 5.1 所示。

扫一扫

袜子主播人设短视频

图 5.1　剪映 APP 首页

步骤 2：点击"剪辑"进入开始创作页面，如图 5.2 所示。

步骤 3：点击"开始创作"进入可剪辑素材（视频、图片）的"添加"页面，如图 5.3 所示。

图 5.2　开始创作页面

图 5.3　可剪辑素材（视频、图片）的"添加"页面

步骤4：选择"添加"，跳转至剪辑页面，点击"剪辑"，点"分割"，通过分割即可将素材分为若干部分。利用这个功能，可以截取、拼凑视频，它是做好短视频的重要步骤之一，如图5.4所示。

图 5.4　视频剪辑页面

步骤5：视频分割。若视频中需要删减部分，选中"剪辑"，选中需要删除的视频片段，点击"分割"，点击"删除"即可，如图5.5所示。

图 5.5　根据需要删除视频部分片段

步骤6：视频变速。选中需要变速的视频（或一部分），通过"变速"可以改变视频的播放速度，如图5.6所示。用户可根据需要设置视频的播放速度。

图5.6　设置视频的播放速度

步骤7：视频转场。由于视频发生过剪辑，为了让视频无缝衔接，视频列流畅，需要对剪辑过的视频片段之间做转场处理。如图5.7所示，可以选择"基础转场""运镜转场""特效转场"等多种形式。

图5.7　视频转场

步骤8：添加音乐。剪映有自带的音乐可以导入，在视频中添加音乐会使得短视频更加生动化。如图 5.8 所示，点击"音乐"即可进入音乐库，在搜索框中输入"搜索歌曲名称/歌手"，如图 5.9 所示。

图 5.8　添加音乐

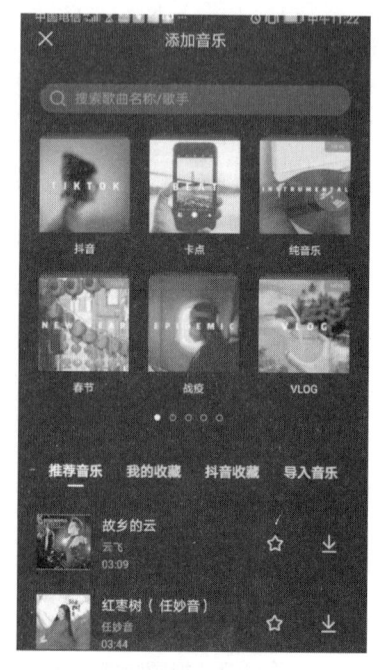

图 5.9　选择音乐

如图 5.10 所示，用户可以根据短视频的需要选择试听剪映音乐库中音乐，并如图 5.11 所示使用音乐。

图 5.10　试听音乐

图 5.11　使用音乐

此外，如图 5.8 所示，用户还可以使用"抖音收藏"音乐，从其他视频中"提取音乐"，或"录音"，或使用"音效"等操作。

步骤 9：删除音乐。如图 5.12 所示，用户若对已经使用的音乐不满意，可以选中短视频所使用的音乐，点击"删除"。

图 5.12　删除音乐

步骤 10：添加字幕。给视频添加字幕不仅可以为视频添加更多的有趣元素，还可以帮助作者更清楚地表达作品主题，很多剧情类或者 Vlog 相关短视频都需运用字幕。用户可先后点击图 5.13 中的"文字"、图 5.14 中的"新建文本"。

图 5.13　选择"文字"

图 5.14 选择"新建文本"

接着,用户便可以在图 5.15 中"输入文字",并根据个人喜好设置字幕样式、选择花色、气泡及动画。

图 5.15 输入文字

如果短视频中的文字过多或自带原声，用户则可以通过点击"识别字幕"，如图 5.16 所示，软件会自动进行识别。

图 5.16　自动识别字幕

步骤 11：添加滤镜。用户可以运用滤镜功能来实现图像的各种特殊效果，增强画面质感。如图 5.17、图 5.18 所示，移动工具栏，点击"滤镜"，选择"精选"，选择"鲜亮"滤镜。用户也可以根据个人喜好选择提升短视频质感。

图 5.17　选择滤镜

图 5.18　选择精选、鲜亮

步骤 12：导出视频。经过上述所述步骤的操作后，一个基于剪映 APP 的短视频剪辑工作基本完成。如图 5.19 所示，用户可以选择导出视频，若用户开通了抖音账户，则可以导向抖音平台，如图 5.20 所示，并保存视频草稿于剪映 APP 当中。

图 5.19　视频导出中

扫一扫

剪映 APP 其他功能

图 5.20　导出视频

二、产品宣传短视频

在社交电商、直播电商时代，对于企业而言，短视频更能得到用户的喜爱。短视频制作具有成本低、效率高、制作时间短、视频内容直击痛点等特点，能快速地解决客户问题。

为了宣传产品，企业首先需要一个整体定位，在做全面推广的过程中要把该产品的功能、特点、优势等表现出来，并采用故事的形式将产品带入，在故事中特写产品。在制作产品宣传短视频时，首先得精心策划一个短视频拍摄脚本，其次才是短视频的拍摄与剪辑技术的运用。由于前文已经对剪映 APP 的使用步骤做了较详细的描述，故在此忽略之，而通过优秀企业案例介绍产品宣传短视频的创意脚本。

📖 案例

脚本展示——记忆粉馆

一、米粉市场定位

产品市场定位见表 5.1。

表 5.1　　　　　　　　　　产品市场定位

精准定位客户群	米粉品牌推广	米粉文化传承
全年龄覆盖，抖音用户群体都是米粉推广的受众对象	米粉作为江西代表性美食，拥有向全国推广的巨大潜力，将米粉进行内容和品牌包装，增加影响力	任何有生命力的品牌和产品都缺少不了背后的故事和文化，挖掘包装米粉的传承文化可赋予米粉活力

二、米粉内容策划

1. 内容方案

信息流广告推广米粉：将米粉和故事融合在一起，用故事吸引粉丝，潜移默化地让观众接受米粉在故事中的存在感，进行软植推广。

故事主线：一家名为"记忆粉馆"的地方，老板江不二每天都会遇到各种顾客，他们或多或少的都会遇到情感纠葛，但只要吃下老板做的一碗米粉，人物故事就会出现大反转。

人设代言推广：真人出镜演绎故事的同时，将米粉拟人化，按照米粉特性设计出米粉的动漫形象，辅助抖音内容进行品牌推广，后期将动漫形象打造成米粉网红代言。

双倍引擎推广：推广核心抓住两个点，一个是用抖音故事吸粉（主要方法），在积累到一定粉丝之后，米粉动漫形象开始逐步辅助推广，覆盖全网络。

2. 人物设定

江不二，记忆粉馆老板。

性别：男。

年龄：实际年龄两千多岁（江西米粉有两千多年历史），演员只需25岁左右即可。

性格：平时儒雅文静，书生气息，一旦吃完辣椒，便会变得非常活泼开朗，像是变了一个人（对应江西吃辣的特点，做出反差萌）。

外貌形象：穿一身汉服（历史感），手持印有"米粉水墨画"的折扇，站在那就给人一种儒雅之风，甚至会觉得有点小可爱。

口头禅："冒有"（南昌话，"没有"的意思）。

特殊能力：能一眼看穿顾客的记忆。

三、脚本展示——记忆粉馆

时间：白天；地点：记忆粉馆；人物：江不二、阿伟、小欣；时长：60秒。

【米粉店内，阿伟坐下来，表情忧伤地向江不二招手】

阿伟："老板，听说你们家的米粉有魔法，是真的吗？"

【江不二给阿伟倒上一杯茶，脸露微笑】

江不二独白："我叫江不二，是这家记忆粉馆的老板，来我这吃面的，都是伤心人。"

【江不二抬起头，看向了阿伟】（定格阿伟）

江不二独白："不知为什么，我总是能看穿每一位顾客的记忆。"

【快闪，换镜头】（时间：阿伟的记忆）

【米粉店前台，阿伟和小欣排队付款，忽然，小欣转头，向阿伟求助】

小欣："你好，我手机没电了，能帮我付下吗？充完电微信转给你。"

江不二旁白："那一天他遇到了个女孩，阴差阳错加到对方的微信。"

【阿伟和小欣在饭桌前打闹嬉戏，忽然，阿伟深情凝视小欣，小欣害羞低头】

江不二旁白："他约她出来逛街、吃饭，相处很开心。"

【小欣在家里，深夜发了一条朋友圈——肚子好饿，想吃江西米粉】

【不多久，有人敲门，小欣打开，只见阿伟拎着一盒米粉站那里傻笑】

江不二旁白："他很喜欢她，总是在需要的时候第一时间出现。"

【阿伟给小欣发了一条表白短信——我喜欢你，做我女朋友吧】

江不二旁白："两个月后，他终于鼓起勇气表白，但始终没有得到回应。"

【快切，换镜头】（时间：现在）

【江不二微微一笑，转身离开】

江不二："等着，我给你做一碗炒米粉。"

【阿伟看着江不二走进厨房，江不二开火，放米粉颠锅】

【在江不二颠锅的刹那，时间仿佛倒转，江不二竟穿着古装在颠锅炒米粉】

【阿伟震惊晃动脑袋，再次看向江不二，但画面正常，刚才好像只是眼花】

【啪，一碗炒米粉端上了桌】

江不二："我的米粉没有魔法，但你吃完它，没准会转运。"

【阿伟疑惑吃了口粉，忽然，身后传来声音】

画外音："阿伟！"

【阿伟转过头，看到小欣拿着玫瑰，正站在门口】

阿伟："小欣，你怎么在这？"

小欣："笨蛋，你以为我们的相识真的是巧合吗？"

插回忆：

【米粉店前台，小欣准备结账】

【她看着手机，手机还有充足的电量，但她忽然将手机关机，然后转向阿伟寻求帮助】

回到现实：

【小欣将手中的玫瑰递给阿伟】

小欣："你为我们的爱情已经走了九十九步，最后一步，由我来完成吧，做我男朋友好吗？"

【江不二看着两人紧紧拥抱在一起，露出笑容】

江不二旁白："爱情像米粉，精心烹制，只为咀嚼时那一份绝妙回味！"

（资料来源：《舌尖上的美食之米粉》，江西仟格信息技术信息技术有限公司。）

项目小结

本项目简要介绍了短视频概念、特点、类型、平台及短视频营销的优势。以直播电商主播短视频为例，介绍了主播人设短视频概念及基本要素；通过具体的例子，简要介绍了袜子主播短视频的剪辑与制作步骤。以企业策划具体产品短视频为案例，展示了产品短视频创意脚本。短视频作为新兴社会化营销工具备受社会广泛关注，5G 时代已到来，必将为短视频行业注入新的活力。短视频当前正成为互联网最大的流量池，但短视频内容却存在严重的同质化，需要在内容上不断创新，做出更有价值的内容，才能做得更长久。

复习与讨论

1. 短视频的特点有哪些？
2. 国内有哪些短视频平台？
3. 短视频营销的优势有哪些？
4. 主播人设打造基本要素有哪些？
5. 何谓短视频脚本？

项目实训

1. 以 3~5 人为一小组，对本项目任务二中的产品宣传短视频脚本人设、内容等展开讨论与分析；然后进行表演及拍摄、剪辑；最后各小组对各自作品进行自评，写出自评报告。

2. 以3~5人为一小组，小组成员做好分工，选取袜子为直播商品，设计出产品的宣传短视频脚本，并拍摄与剪辑出短视频。

3. 以小组为单位，通过网络搜索3~5位直播带货达人或网红主播的相关文献，分析比较所选取主播人设，并写出调研分析报告。

4. 通过网络搜索短视频发展状况的研究报告，了解短视频的发展现状、存在的问题及未来趋势。

参考文献

［1］拓今直播经纪人. 短视频各平台不同的优势和特点［EB/OL］. https：//www. jianshu. com/p/2fe0dec5a1ba，2021 - 02 - 17.

［2］沐先生笔记. 短视频营销的6大优势，你了解吗？［EB/OL］ http：//www. 360doc. com/content/20/0223/11/68640723 _ 894196570. shtml，2021 - 02 - 17.

［3］千锋网络营销学院. 自媒体短视频常见7种创作类型汇总［EB/OL］. https：//zhuanlan. zhihu. com/p/112350991，2021 - 02 - 17.

［4］搜狐网. 相较于传统视频，短视频主要有哪些特点［EB/OL］. https：//www. sohu. com/a/250246987_100163809，2021 - 02 - 17.

［5］腾讯网. 短视频的形式和五大特点［EB/OL］. https：//new. qq. com/omn/20190814/20190814A09MUI00. html，2021 - 02 - 17.

［6］歪道道. 短视频困于"流量王座"［EB/OL］. http：//column. iresearch. cn/b/202102/906399. shtml，2021 - 02 - 19.

本项目课件

项目六

袜品电商直播脚本及直播话术设计

📋 项目描述

直播脚本可以最大限度地帮助主播把握直播节奏，规范直播流程，达到预期的直播目标，实现直播效益最大化。直播前、直播中及直播后每一个环节都要经过有效的脚本及直播话术设计，才能高效地完成直播。袜品直播首先要了解直播脚本的作用、直播脚本的要素及电商直播常用话术，掌握袜品电商直播脚本及话术设计内容与方法等理论知识及技能。

📋 项目分析

为达到预定的实训教学效果，本项目包括对直播脚本作用、直播脚本要素及电商直播常用话术的认知，以及如何设计袜品电商直播脚本与话术三个实训任务。

📋 项目目标

知识目标

- 了解电商直播脚本及直播话术的概念、作用。

- 了解电商直播脚本及直播话术的结构。
- 了解电商直播脚本及直播话术的设计方法。

能力目标

- 掌握袜品电商直播脚本设计方法。
- 掌握袜品电商直播话术的设计方法。

育人目标

- 从电商直播脚本及直播话术设计中践行电商直播主播的价值观、敬业精神及创新精神。

任务一

认识电商直播脚本

一、直播脚本的作用

直播脚本是指使用特定的描述性语言，针对特定的某一场直播编写的规划方案，以保证直播有序且高效进行，并能达到预期的目标。一场好的直播离不开一个设计严谨的脚本。直播脚本的作用主要体现在以下七个方面：

（一）把控直播节奏

节奏是调动群体情绪及建立情感联系的一条策划主线，主播要根据直播时长完成预热、爆发、收尾三个阶段节奏点的衔接。即时性互动是直播受欢迎的根本，直播互动节奏的紧凑性会直接影响单场直播所产生的交易额，节奏可以直接在单场直播中呈现。

（二）管理主播行为和直播话术

有了直播脚本就可以为主播每一分钟的行为和话术提供指导，让主播清楚地知道在某个时间该做什么、说什么，还有什么没做。直播脚本对主播的直播表现发挥着重要作用。

（三）掌握直播主动权

直播脚本通常由主播团队根据品牌方的需求并结合实际情况进行编

写。整个直播过程需要按照直播脚本顺利开展，这样才能掌握直播的主动权。

（四）减少直播突发状况

直播脚本实质上是一个已经制订好的工作计划，不同的时间段有不同的任务安排，条理清晰，这样能够有效减少直播过程中出现突发状况。

（五）规范直播流程

做直播最忌讳的就是开播前才考虑直播的内容。主播如果没有事先预习当天的直播内容，那么直播最终呈现出来的就是不停地"尬播""尬聊"，甚至会出现主播玩手机、自言自语等现象。所以，直播脚本首先能解决的就是直播流程不畅的问题，让直播内容有条不紊地推进。

（六）实现直播效益最大化

无论是淘宝直播带货还是抖音直播带货，抑或是其他平台的直播带货，品牌方和主播运营团队一般都以获得最大效益为根本诉求。根据直播脚本进行直播，能够计划好本场直播所要达到的分享目标，并按照目标实施，从而实现直播效益最大化。

（七）便于回复总结

直播脚本不是一成不变的，而是需要不断完善和优化的。一场直播在按脚本执行的过程，可以分时间段记录下各种数据和问题，结束后进行复盘分析，对不同时间段里的优点和缺点进行总结、优化和改进，不断地调整脚本，摸索出制定直播脚本的策略和方法。

二、直播脚本的要素

（一）直播主题

直播主题即直播活动的中心主旨。虽然直播的主旨一般都是销售，这也是生活消费类直播的主要目的，但主播还是需要对每一场直播进行多样化的主题策划，并以此进行直播内容的拓展，需要明确故事要讲给谁、怎么讲。

（二）直播目标

直播目标即在直播开始之前所设定的目标，是本场直播希望达到的目标，包括对各项数据的具体要求，如观看量、点赞量、进店率、转粉量、以及交易额等。明确的数据要求有助于达成目标。

（三）直播时间

直播时间应提前预设。直播时建议严格按照预计的直播时间进行，时段也要相对固定。到了下播时间建议不要恋战，及时预告下一次的直播时间，让粉丝持续关注下一场直播。这样一方面可以促进粉丝观看习惯养成，另一方面还能让粉丝对主播保持新鲜感。

（四）直播内容

直播内容是整个直播脚本的精华和重点部分，包括直播的产品介绍、产品数量、产品类型、产品价格（日常售价和促销价）、产品成分、产品卖点、产品链接、店铺优惠与折扣或者其他类型的店铺活动等。

（五）直播人员

要对直播过程中所涉及的人员进行工作分类和工作安排，其中直播画面显示的人员包括主播、助理或其他人员。要注意各个人员的分工以及职能上的相互配合，如主播负责引导关注、介绍产品、解释活动规则，直播助理、场控和运营要负责回复问题、发放优惠信息等互动工作，后台和客服负责修改产品价格、与粉丝沟通转换订单等。

（六）目标观众

目标观众又称目标顾客、目标群体或目标客群。在直播活动中，目标观众即本场活动或本场带货产品所针对的目标人群。

任务二

了解电商直播常用话术

"话术"即主播直播过程中说话的艺术。主播与粉丝的交流沟通能力直接决定了直播的效果，直播很大程度上是一次语言表达艺术的展现，直播的核心就是直播话术的体现。作为一名合格的主播，必须掌握基本的直播话术，同样的想法可以有多种不同的表达方式，如何用大众最能接受的方式进行表达是直播话术的关键。电商直播常用的话术主要有以下六个方面：

一、欢迎话术

当观众进入直播间时，主播能够看到观众的昵称和等级，直播欢迎话术示例如下："欢迎朋友们来到我的直播间，主播是新人，希望朋友们多多支持哦！"这些话术有一个基本原则，即让观众知道他进入了你的直播间后，你在关注着他们，让他们有被尊重的感觉，从而提升用户的参与感。注意这类欢迎语不宜太过机械化，可根据直播当天的实际情况适当做一些优化和改良。

二、关注话术

观众进入直播间后，主播可以通过话术引导其直接关注直播间，为直播间涨粉。在此过程中，主播要注重自我宣传，不断给新粉丝传递自己能够提供的服务和价值。展现个人的直播风格。这不仅能吸引新粉丝关注，还会让粉丝有先入为主的感觉，从而留下深刻的印象。可以采用的话术内容如下：

（1）预告直播时间。例如，"非常感谢所有还停留在我直播间的宝宝（对直播间用户的亲切称呼）们，我每天的直播时间是××点至××点，风雨无阻，没点关注的朋友记得点关注，点了关注的朋友记得每天准时来玩哦。"

（2）宣传个人才艺。例如，"新进来的宝宝们还不知道主播是播什么的吧？我现在要宣传一波啦，你们听好了，主播是专门卖真丝连衣裙，同时兼职唱歌的。现在给各位表演一段，希望喜欢的宝宝们关注一下主播。"

（3）鼓励粉丝关注。例如，"我做直播呢，除了想得到别人的认可之外，也希望大家能够在一天的忙碌之后，进入我的直播间得到片刻放松，真正开心地笑一次，点关注的亲们，谢谢你们的认可。"

（4）给粉丝取昵称。例如，"以后就叫你们亲亲粉丝，我们就是亲密的一家人，欢迎大家随时跟我互动。"

三、感谢话术

观众进入直播间后，逐渐会有观众打赏、关注或者购买主播推荐的产品，对这些行为，主播一定要用真诚的感谢来反馈。感谢话术是对观众心意的回馈，真诚的反馈会让用户更有存在感，会有更多的观众加入直播。感谢话术示例如下：

例如，"感谢各位的喜爱，是我的才华或是我卖货的技巧，忍不住让你出手的吧，不接受任何反驳哦！""感谢朋友们今天的陪伴，感谢所有进入直播间的朋友，谢谢你们的关注、点赞哦，今天很开心！""感谢所有进入直播间的朋友，还要感谢很多人从我一开播就来了，一直陪我到下播。陪伴是最长情的告白，你们的爱意我收到了。"

四、互动话术

在直播过程中，粉丝可能会提各种各样的问题，例如："主播多高？多重？""这件衣服主播能不能试穿一下？是什么效果？"等。如果粉丝问到了产品，说明他们对产品产生了兴趣，一定要耐心细致地解答。例如，"主播身高165厘米，体重95斤，穿S码，小姐姐们可以对比一下自己的身高体重，选择适合的尺码哦！"遇到类似"身高不高能穿吗？体重太胖能穿吗？""干性肤质能用吗？"等问题，就需要有针对性地引导观众购买产品。如果有粉丝说"怎么不理我？一直不回答我的问题？"一定要及时安抚其情绪，例如，"没有不理哦、弹幕太多，刷得太快，我看到一定会回的哦,请不要生气哦!"互动话术的关键在于细致耐心。一个问题可能会有很多人问,每个人问的问题可能也有很大差异,有时候需要反复回答相同的问题,所以主播务必要有耐心。

五、追单话术

粉丝在下单过程中可能会犹豫不决,那么这个时候主播就需要用追单话术来刺激用户下单的欲望。可以采用以下话术内容。例如,"这一款数量有限,如果看中了一定要及时下单,不然等会儿就抢不到啦!""这次货品折扣仅限本次活动时间进行,错过了,我们就不会再有这个价格啦!想要的朋友抓紧时间哦!""我们这款产品只有10分钟的秒杀优惠哦,喜欢的朋友们赶紧下单哈!""还有最后3分钟哦,没有购买到的亲赶紧下单哦!"

六、下播话术

每一场直播都要有始有终,所以每天临近下播的时候,都需要有一套完整的下播话术,这不仅是对粉丝不舍之情的延续,也是主播对直播的总结。可以采用以下话术内容:

(1)感谢陪伴。"感谢今天的榜首×××,榜二×××,榜三×××,谢谢你们的礼物,特别开心。虽然×××没有陪到我下播的时候,但百忙之中抽时间过来实属难得。感谢所有送我礼物的宝宝们,×××、×××(一一点出榜单上的名字就行)。明天早餐可以多吃一个鸡蛋了!另外,很多人从我一开播就来了,一直陪到我下播,比如×××(各种点名)。感谢你们的陪伴,你们的爱意我收到了。"

(2)直播预告。"今天的直播接近尾声了,明天晚上××点至××点同样时间开播""明天会提早一点播,××点就开播了,各位奔走相告吧!""明天休息一天,大家放假啦!后天正常开播。"

(3)歌声祝福。"最后一首歌《×××》,唱完下播,希望大家睡个好觉,做个好梦,明天新的一天好好工作,晚上我们再聚。当歌声响起的时候就是各位清币清仓库的时候啦!"

(4)主播总结。"今天一共收到××音浪,新增粉丝团成员××个,涨了××个关注,××比预计的少了一点,我要更努力一点才行。"从上述话术中不难发现,直播的时间不同,面对观众的不同需求,话术的侧重点不同,这就需要主播不断锻炼话术技巧。

任务三

袜品电商直播脚本及直播话术设计案例剖析

一、脚本设计的实施步骤

(一) 直播产品的确定

直播团队在直播之前需完成选品工作,确定本次直播的产品(如图 6.1~图 6.4 所示)。本场直播有主打款 3 款,其中图 6.5 为爆款。另外,为了活动的需要,还特地安排了"引流款"与"炮灰款";主打款通常是利润款;爆款是指在商品销售中供不应求、销售量很高的商品,通常所说的卖的很多、人气很高的商品。

图 6.1 炮灰款

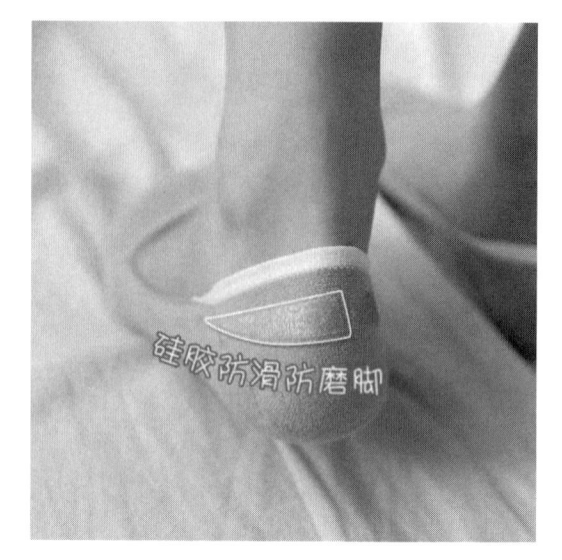

图 6.2 引流款

图 6.3 主打款 1

图 6.4 主打款 2

图 6.5　爆款

爆款卖点：

（1）2020 年秋季最新款；

（2）360°面膜触感；

（3）维 C 润肤防干裂。

（二）脚本设计要素的确定

（1）本场直播主题：秋冬不来一款合适的打底裤吗？

（2）本场直播目标：销量破千，涨粉五百。

（3）本场卖点：秋冬必备润肤裤，直播专享等你来。

（4）本场直播时间：18：00~21：00。

（5）确认直播团队分工：主播（小吴）、副播（小李）及场控（小杨）。

（6）本场直播互动：整场直播一共安排了三轮抽奖来和用户互动。

（7）本场直播时段：整场直播严格划分为开场、中间环节、结尾三个阶段。

（8）本场直播各阶段衔接：各阶段以抽奖活动来安排衔接。

（9）本场直播各阶段时长：每个阶段时长根据内容划分为 5~30 分钟不等，主打产品介绍时间比过款要稍长，活动时间不超过 5 分钟。

（三）电商直播完整脚本内容确定

当上述脚本要素确定之后，主播及其团队就可以设计完整的脚本内容。如表 6.1 所示，在脚本完整内容撰写时，一定要将上述要素包括进去，要充分考虑"人、货、场"的融合。

表6.1 本场电商直播脚本完整内容

直播主题	秋冬不来一款合适的打底裤吗?	播出日期			播出时长	3小时
播出时间	18:00~21:00	直播目标			销量破千、涨粉五百	
本场卖点	秋冬必备润肤裤,直播专享等你来					
主播	小吴	副播	小李	场控	小杨	
	内容	说明	主播	副本/助理	后台/客服	备注
时间安排						
17:40~18:00	热场交流+打卡签到抽奖	与粉丝寒暄+鼓励关注+刺激互动	与粉丝互动+截图抽奖+介绍直播间福利	回复问题+强调开播时间	粉丝推送+粉丝互动+备注中奖的抽奖	跟新来的人讲一下今天的主题,介绍今天的福利、欢迎+点赞+邀请关注
18:00~18:10	"引流"福利1款	介绍产品+鼓励关注直播间+引导点赞和刺激互动	产品讲解+展示	产品细节讲解补充+展示	回复后台客户问题/商品维护	把人气拉到平均水平+提醒后续的抽奖
18:10~18:40	第一批:常规"主打"2~3款	介绍产品+引导互动+活动介绍+引导出限时限量特价	产品讲解+展示	产品细节讲解补充+展示	回复后台客户问题/商品维护	强调做工材质、品牌、性价比、百搭等优点+告知清楚参与抽奖规则及领取方式
18:40~19:00	"炮灰"款	介绍产品+引导互动+活动介绍	产品讲解+展示	产品细节讲解补充+展示	回复后台客户问题/商品维护	注意回复问题+下单指导+安抚+强调质量做工材质等
19:00~19:05	截图抽奖	缓解疲劳+刺激互动+促进留存	截图抽奖	产品细节讲解补充+展示+引导关注	备注中奖粉丝信息	注意回复问题+下单指导+鼓励粉丝

续表

时间	环节	主播	助播	运营	客服	备注
19:05~19:15	"引流"福利1款	介绍价值+鼓励关注直播间+组织点赞+刺激互动	产品讲解+展示	产品细节讲解补充+产品展示	回复后台客户问题/商品维护	强调性价比+注意回复问题+下单指导+提醒后续抽奖
19:15~19:45	第二批:常规"主打"2~3款	介绍产品+引导互动+活动介绍+突出限时限量特价	产品讲解+展示	产品细节讲解补充+产品展示	回复后台客户问题/商品维护	强调做工材质、品牌、百搭等优点+注意回复问题+下单指导+提醒后续抽奖
19:45~20:00	第一批+第二批过款	总结产品优点+引导互动+活动介绍+突出限时限量特价	产品总结+展示	产品细节讲解补充+产品展示	回复后台客户问题/商品维护	下单指导+抽奖指导
20:00~20:05	截图抽奖	缓解疲劳+刺激互动+促进留存	截图抽奖	引导关注	备注中奖粉丝信息	注意回复问题+鼓励粉丝
20:05~20:35	第三批:新品2~3款	介绍产品+突出限时限量特价	产品讲解+展示	产品细节讲解补充+产品展示	回复后台客户问题/商品维护	注意回复问题+下单指导
20:35~20:50	返场演绎	着重强调主打款与新品的价值+优惠+刺激购买	产品深入讲解	产品细节讲解补充+产品展示	回复后台客户问题/商品维护	突出产品做工材质、品牌、性价比、百搭等优点+下单指导
20:50~21:00	收尾+预告	与粉丝寒暄+鼓励关注+预告下次直播时间+剧透	引导用户下播后继续去直播间橱窗选购	与粉丝寒暄,鼓励用户关注直播间	整理数据	维系粉丝+持续引导用户关注直播间+适当剧透吸引用户再来

二、直播话术设计的内容

袜品电商直播话术设计一般属于脚本设计的内容，但鉴于话术对于电商直播的重要性，且为了便于学习，故特将脚本设计与话术设计分开。身为主播，需要因电商直播阶段、直播带货产品、粉丝群体等不同设计出各种话术。

（一）直播初步话术设计

调动直播间气氛与粉丝来波互动，告知今日直播主题，同时用简短术语介绍品牌提高知名度（比如品牌至今已成立20年，19年荣登"××全球袜艺产业企业创新百强榜"）；热场后开始带货推出主打款，比如，"宝宝们，看我手里的这款（主播展示），是不是眼前一亮啊?！我刚看到的时候也是被这个包装惊艳到了。清新的黄色搭配磨砂质感的瓶身，整体非常的圆润可爱又质感十足，很赞。这款呢，叫作'柠檬润肤VC裤'，是今天直播间的压轴产品。"

（二）针对款式和功效的话术设计

"干皮肤"的宝宝们，一定要对自己好一点，真的不要犹豫，冲这个润肤防干裂的作用，下单就完事了。而且这款打底裤是高腰设计，穿上之后提拉臀部，一秒"蜜桃臀"。尺寸是均码，只要不是很胖，大部分宝宝们都能穿……

（三）针对品牌的话术设计

"我们的品牌×××已经发展20年了，而且在线下也有很多的专卖店。所以宝宝们完全可以放心购买，质量绝对有保障。如果买了以后有任何不满意的地方，我们直播间也是七天无条件退货。宝宝们的权益是完完全全得到保障的。所以，宝宝们就放心大胆地买……"

（四）针对价格的话术设计

"今天给大家的价格是直播间的专享特价，超级划算。大家赶快关注直播间，下单带回家。平时门店价是49'米'（出于直播平台管控和避嫌需要，且很多平台害怕直接发生金融类欺诈或者其他非法活动，故严禁主播在直播过程中提及人民币、元等与金钱相关的信息，故主播多用谐音字和字母替代）一条，今天直播间特价39'米'一条。买这个袜子既能润肤防干裂，又能美化曲线，还自带香气；直接就为宝宝们省了买身体乳和香水的钱；相当于39'米'带回一条质量超好的打底裤、一瓶身体乳和一瓶香水。不买没道理……"

（五）针对引流的话术设计

做公益："每购一条袜裤我们将从中提取0.3'米'来作为公益基金捐给偏远地区的孩子们。"

促销并保证质量："去别家店铺看看，同样的产品都卖98'米'，今天在我的直播间给到你们福利，只需58'米'就能拥有它，与卖98'米'的质量完全一样，正品保障，假一赔十。"

发货速度："现在拍下的宝宝可以联系客服提前安排发货哦。"

抽奖："准备好了吗？'扣666'，我们抽取5位，赶紧刷起来让我看看有多少人想参加我们活动，记得右上角点关注后再'扣'，抓紧时间，5、4、3、2、1，截图喽，获奖的宝宝去客服那里添加地址哦。"

项目小结

直播策划最重要的是直播脚本的设计，从直播前到直播中到直播后每一个环节都要经过有效的设计，任何一个合格的主播的化妆、动作、着装、表情甚至是谈吐都是经过专业的训练，只有这样才能完整地完成直播。

直播脚本可以最大限度地帮助主播把握直播节奏，规范直播流程，达到预期的目标，实现直播效益最大化。遵循直播脚本进行直播能有效避免不必要的意外发生（比如场控意外、长时间"尬场"等）。一份详细的直播脚本甚至在主播话术上都有技术性的提示，能够保证主播语言上的吸引力以及对直播间与粉丝互动的把控能力。

复习与讨论

1. 什么叫直播脚本设计？
2. 直播脚本设计有何作用？
3. 直播脚本设计有哪些要素？
4. 电商直播有哪些常见的话术？

项目实训

1. 3~5人为一个小组，将小组编号，各选取某一品牌袜子，参照电商直播脚本及话术设计理论与方法，设计出各小组的抖音直播脚本及话术，并参考表6.2进行小组自评与互评。

表 6.2　　　　袜品抖音直播脚本及话术设计自评（互评）评分

直播脚本设计评分指标	得分选项					1~9项指标实际得分
1. 直播主题新颖、有吸引力	5	4	3	2	1	
2. 直播目标合理	5	4	3	2	1	
3. 本场直播卖点概括精准	5	4	3	2	1	
4. 所选择的直播时间恰当	5	4	3	2	1	
5. 直播时间安排前中后各时段完整	5	4	3	2	1	
6. 直播各阶段时间长短安排合理	5	4	3	2	1	
7. 直播各阶段安排衔接良好	5	4	3	2	1	
8. 直播有一定的互动活动安排	5	4	3	2	1	
9. 直播团队角色安排合理、分工明确	5	4	3	2	1	
话术设计评分指标	得分选项					10~14项指标实际得分
10. 话术内容齐全	5	4	3	2	1	
11. 话术有吸引力	5	4	3	2	1	
12. 话术有专业性	5	4	3	2	1	
13. 话术表达准确	5	4	3	2	1	
14. 话术传递正能量	5	4	3	2	1	
第_____小组　　自评（　）　互评（　）　累计得分						

2. 接上题，邀请袜艺产业企业电商直播资深人士对各小组设计的抖音直播脚本及话术进行评分，得出企业评价得分，并填写表 6.3，最后分析各小组本次实训任务优缺点及改进建议。

表 6.3　　　　实训成绩及总结

任务编号		任务名称			
小组编号					
本任务学习成绩：					
小组自评成绩（20%）		小组互评成绩（20%）		专家评价成绩（60%）	
存在的主要问题及提升策略					

参考文献

[1] 韩布伟,张国军.网络直播掘金手册[M].北京:人民邮电出版社,2017.

[2] 王冠雄,钟多明.直播革命:互联网创业的下半场[M].北京:电子工业出版社,2017.

[3] 人力资源社会保障部教材办公室.电商直播[M].北京:中国劳动社会保障出版社,2020.

本项目课件

项目七

袜品电商直播粉丝互动营销

项目描述

在电商直播过程中，主播与用户之间围绕商品而开展的有效互动能提升直播关注度、提升粉丝活跃度、留存率及转化率。作为主播或电商直播从业人员，首先需充分了解电商直播活动规律，了解高效直播的影响因素；其次还得明了电商直播互动营销可能存在的不足之处，尽力观摩学习直播平台中网红主播、达人主播的电商直播，掌握网红主播、达人主播与粉丝互动营销策略。

项目分析

为达到预定的实训教学效果，本项目设计了了解电商直播活动效率的影响因素、熟悉电商直播互动营销存在的不足之处及了解袜品直播粉丝互动营销策略三个实训任务。

项目目标

知识目标

- 了解影响电商直播效率的各种因素。
- 掌握电商直播互动营销存在的不足之处。
- 掌握袜品直播粉丝互动营销策略。

能力目标

- 学会分析影响电商直播效率的各种因素。
- 通过观看直播视频,学会评价主播与粉丝互动情况。
- 观看网红主播的电商直播,对比素人直播,试找出网红主播与素人主播在直播互动营销上存在的差异。

育人目标

- 培养主播在与粉丝互动营销过程中应具备的基本职业素养,比如尊重粉丝、遵守国家法律法规及行业企业对电商直播的相关管理规定。

任务一

了解电商直播活动效率的影响因素

电商直播是一个商业活动,但从本质上看是一个传播过程,主播在接受商品后产生自己的认知,再通过个人情感、技能等传播给用户,刺激用户需求,令用户产生购买行为;或者用户本身就有购物需求,主播的信息传播更快地令其产生购买决策。一般地,电商直播过程包括商品、主播、用户及传播四要素,四个要素缺一不可,方能产生较好的电商直播效果。

一、商品因素

商品在电商直播过程中是最重要的因素,电商直播团队往往在选品上耗费大量的人力与物力成本,足以说明商品对于电商直播成功与否起到至关重要的作用。在电商直播过程中,商品因素主要包括商品的市场定位、受众分析、商品本身、商品与主播。

(一)市场定位

市场定位的关键是企业要设法在自己的产品上找出比竞争者更具有竞争优势的特性。市场定位包括根据具体的产品特点定位、根据特定的使用场合及用途定位、根据顾客得到的利益定位及根据使用者类型定位等原则。市场定位通常有区域定位、阶层定位、职业定位、个性定位及年龄定位等方法。由于产品是既定的,接下来是给产品找用户,寻找什么样的用户就是关键。某直播间首先要分析自身产品的特征及优势,分析用户需求痛点，找准潜在客户，挖掘产品的价值及潜在客户价值。

（二）受众分析

受众分析在此可理解为消费者行为分析，其为企业极其重要的课题，有助于提高和改善企业的经营管理水平，有助于指导消费者进行科学消费，有助于全方位满足消费需求。在做受众分析时，需要了解消费者在消费商品时的心理过程，包括消费者的认知过程、消费者的情感过程及消费者的意志过程等内容。

（三）商品

商品是满足人们某种需要的，用来交换的劳动产品。商品的基本属性是价值和使用价值，价值是商品的本质属性，使用价值是商品的自然属性。除此之外，商品其他方面属性还包括商品的市场供求、商品的品质与特征、商品的价格、商品的品牌等。

（四）商品与主播

在电商直播过程中，主播与商品呈现的是一种关系，即主播宣传与介绍商品、主播销售商品。由于主播的商业行为，在卖货过程中进行了宣传诱导，由此也形成了一定的法律关系，适用于广告法，因此主播也必须遵守法律对于广告发布者的相关规定，同时承担相应的法律责任。做为主播，客观上应对直播带货的商品有全面的了解，且拥有一定的用户体验；所带货的商品与主播的人设是相匹配的，比如宝妈主播选择母婴类的产品、美食主播选择食品类目等。

二、主播因素

在商品质量没有问题、主播人设与产品相匹配及主播对商品宣传合法等前提下，成功直播带货最重要影响因素便是主播。在电商直播过程中，一位优秀的主播需真正做到懂商品、善互动、具有领导力及凝聚力，懂得直播工具及直播技巧的运用。主播要学会打造个人IP，学会产品供应链以及售后服务体系打造；主播应学会运营微信社群，会做直播营销脚本设计；懂得直播间的海报内容布置、直播的福利、直播间的主题、直播的内容；懂得直播能够给客户带来什么，如何能够让用户关注主播的直播间，且让他们停下来观看直播。

三、传播因素

网络直播是依托互联网视频直播技术搭建的在线互动平台，为以"草根达人"为主的主播提供创作展示以及在线互动的虚拟网络空间。直播本质上是基于自身的媒介特性之于社会的一种改造性力量。作为媒介，直播具有明显优势：一方面，它打破了围观与参与表达的界线，直至直播出现且普及后，以一对多乃至多对多方式进行即时可交互传播才成为每一位普通网民都能拥有的权利；另一方面，直播极大地丰富了场景的构成形态与功能属性，构建了未来消费和生活的种种新场景。正是凭借自身简单而特别的媒介技术逻辑，直播引发了不同社会角色之间经由媒介交往和发生关系之模式的变动，使得直播本身的媒介形式作用于人类社会形态的意义远胜于其传播的内容，甚至直接出现媒介所造就的行动场域与社会场域。

2016年是直播电商发展的起始点，2020年新冠肺炎疫情给直播电商的发展安上了加速器，直播电商成了新风口。截至2020年11月，全国的电商直播场次超过了2000万场。

直播电商重新构建了一种新的业态，从传播学角度上，仪式化、场景化及剧情化营销为电商直播提供了理论基础。

仪式化加强了主播同消费者之间的强情感联系，"粉丝忠诚度"甚至成为红人主播同品牌商家议价的指标。以薇娅的直播间为例，在电商直播的过程中，主播薇娅、消费者、商品内容之间产生互动，主播、消费者之间围绕产品这一共同关注点展开自由讨论和活动，彼此之间的互动产生了情感能量，最终可以产生群体符号以及群体成员身份感——"薇娅的女人/骑士们"，并最大化地获取情感能量，促使参与者进行循环的互动、在直播间复购等。

场景化解释了手机直播间形式对于主播内容呈现的影响。电子媒介所营造的信息环境和技术体验影响甚至决定了人们的行为特点和需求特征。主播们随时随地可进行直播，降低了对于场地的高要求，并促成了线下导购消费场景和线上直播场景的合并。主播既是网络红人，分享自己的经验，同时又可以是线上导购，化身为你的朋友，为观众推荐产品。

电商直播是一场网络营销活动，好比主播在某一场景中进行商品促销表演一般，表演将使得个体逐渐标签化、符号化、数据化，对个体人格、生活惯性与社会交往均会产生一定影响。以主播为例，薇娅和李佳琦在直播间"全时在线"的状态下，个人性格和特色难以隐藏，大量的互动凸显主播性格，给观众留下了深刻的印象。为了打造此类难忘的主播印象，众多MCN公司注重主播人设的打造与管理，让主播在电商直播这一"前台"上留下更为深刻的印象。

四、用户因素

需求和供给两者决定着市场，根据经济学原理，需求在市场上是主动的，需求可以决定市场上的供给，最终达到供求平衡，用户（消费者）在某一个层面上讲就代表着商品的市场。

消费者在电商直播购物过程中的表现形式及其心理主要分为观望、感兴趣、想象、欲望、比较、信心、接受及满足等8个环节。

观望：观看直播；浏览平台自己的需求或感兴趣的商品和主播的直播内容。

感兴趣：继续看直播；参与互动；查看商品详情；他人评价与提问做参考；希望主播代体验。

想象：联想自己拥有、使用时的情景；满足了什么心理，解决了什么难题。

欲望：产生购买欲望。

比较：有无其他主播同类商品；多方比较，权衡利弊；犹豫不决、无法定夺。

信心：来源于主播态度（主要）；商品详情（次要）；他人意见（次要）。

接受：相信主播；肯定商品；下单支付。

满足：购物的愉悦；得到商品的成绩感；使用/体验商品后的满足感；感谢主播，成为粉丝；二次购买、好友推荐。

扫一扫
中国直播电商行业用户画像及行为

任务二

熟悉电商直播互动营销存在的不足之处

　　为了较好地让读者了解电商直播过程中互动营销需要注意的问题，编者通过问卷调查，获取用户对抖进针纺织品袜抖音直播互动营销的真实体验、看法与建议，并整理归纳如下。

　　（1）在直播间人数不是很多的情况下，应该更加详细地回答消费者提出的问题，因为很可能会冷场。

　　（2）注重产品本身的吸引力，其次才是价格和搭配购买方式。还可以增加一些相关的搭配，因为袜子也可以增加整体的时尚感。

　　（3）用于宣传的短视频可以结合当下热点，可以获得更多的点赞和热度，多采用竖屏的方式，与手机屏幕适配会增加视频的质感和质量。

　　（4）应当更好地与观众互动，了解观众想要袜子的材质、款式以及他们的年龄段、文化程度等；可以进行一些才艺表演，比如唱歌等。

　　（5）要及时回答观众提问，然后可以拓展地介绍一下相似的产品或者推荐一下其他产品。

　　（6）需要注意隐私保护，最好不透露个人信息，直播和观众都应该注意。玩笑可以开，但不应该开过头，推销卖产品，吸引粉丝才是正道，需要有人带起买袜子的"节奏"，目的性要明确。

　　（7）在观看人少的时候不要一直揪着某个人提出的问题一直讲，会让观看的人没有新鲜感。除了唱歌，空余时可以增加一些其他的互动。主播最好2人，这样主播之间也可以互动，可以增加直播的乐趣，看的人也会更多。

　　（8）增强直播的互动性与趣味性，时刻调动直播间的气氛，善用话术引导观众消费。

（9）语速不要过快，可以放慢一些，更加清晰地讲解商品，让新来的观众也知道该商品如何售卖。

（10）橱窗里链接的商品也应标注商品的规格，比如标注袜子有几双，可以让观众更能分析性价比。

（11）多注意直播间的粉丝提出的问题并及时给出合理的解释和回答；多与直播间的粉丝进行交流；更多地把直播间粉丝的关注点转移到商品上。

（12）把互动问题多放在商品上，勾起顾客的购物欲望。

（13）运用一些比较特别的展示吸引用户来看，唱歌、跳舞都是不错的选择。和观众弹幕互动可以再多一点，交流可以多一点，一边聊天一边把袜子带进话题，让大家注意到产品。

（14）要积极地对观众的问题进行耐心地解答。在与观众互动时应尽量把互动点放在产品上，聊天互动的话题不要跑得太偏。

（15）可多用形象的比喻、假设，搭配表情和身体动作，增加观看直播的用户的感官体验，让他们感同身受。同时互动也不仅仅是聊天，还需要展示产品的卖点，吸引观看直播的用户购买。

（16）描述产品要有连贯性，思维要清晰。更多地去关注产品，把每一个产品的特点描述出来；热情地回答观众的问题。

（17）互动时注意形式创新，可以多一些活动；展现袜子的实际上脚效果，让人更清楚地看到袜子穿着的效果。

（18）如果有一个人经常进出直播间，主播需要记住他（她），可以不用每次欢迎，避免粉丝进出直播间的尴尬。

（19）不用每个无关问题都回复。

（20）要有自己直播间的特色，有一个能吸引别人的亮点。

（21）对于袜子，在直播过程中，可以讲解不同种类、材质、颜色袜子的搭配（并演示出来），对比突出自己的袜子的特色，以此来增加卖点。

（22）可以采用更多的互动游戏并设置奖励。

（23）直播间互动过程中应该注意滤镜，过分的滤镜会让商品的颜色与实际不符，使顾客觉得颜色与实际有出入。

（24）直播时不要冷场，也不要太过分解读观众的意思。对于袜子的知识要过关，万一顾客问出比较专业的问题，不知道怎么回答就尴尬了。

（25）直播中，偶尔会有一段时间主播和助播会同时说话，一样大音量的声音交杂在一起，便听不太清楚主播要表达的内容。

（26）遇到新进直播间的观众，主播就会中断刚才介绍的话，与助播同时进行欢迎问候，跳转到另一个话题，后面的讲解接不上中断前的讲解。

（27）互动过程中应该注意用词，不能出现粗暴、侮辱性、没有礼貌的言语。

（28）要时刻注意自己脸上的表情。直播间就是主播和观众沟通互动最重要的桥梁，主播们除了要善于调动现场气氛，处变不惊，还要尽可能地增加与粉丝的交流，提高每个人的参与感。

（29）要注意礼貌，多说感谢；当有粉丝点赞的时候可以说说感谢的话。

（30）可以谈谈自己生活感受和经历，没事可以多扯一些自己生活上鸡毛蒜皮的小事，容易拉近主播和粉丝的心理距离。

（31）直播中不能对敏感话题进行蹭热度，要注意一些"带节奏"的用户的发言。

（32）弹幕最新更新的消息，没有很快地得到回复。

（33）有些时候幕后太抢风头，跟主播声音很重合感觉不是很好。

（34）互动时，回答用户询问袜子，应注意用户需要看到实物，可以准备模特假腿展示。

（35）主播需要多讲究产品体验，在顾客有问题时要及时回答，回答粉丝提问时内容应更加丰富一点。

（36）主播用词专业，能接"梗"。

（37）可能主播刚好在介绍商品，没留意刚进直播间的用户，忘记打招呼，或者提问没及时回答。

（38）主播可以更加自然一点，不要太生硬；有的时候会有反光，看不清楚；业务还可以更熟练。

（39）重复性、快速地回答问题或者说话，会让人觉得有一点点繁乱。

（40）主播背后的挂袜子背景也可以考虑做得更好看，这样会更吸引顾客。

（41）始终牢记直播是为了带货的初衷，不能跟观众们互动着互动着就偏离了主题；在与观众互动的时候要一视同仁，关注到每一位观众，不能冷落任何一个；要及时感谢观众们的送礼和点赞以及分享。

（42）要及时对直播间恶意"带节奏"和胡乱说的"捣乱分子"及时禁言，以免影响到其他观众。

（43）直播间互动可以融入更多的新元素，和观众做更进一步的互动。比如，在唱歌的环节，可以请一些外援（校园十佳歌手）；可以请学校里面比较受欢迎的人来助阵；也可以和校内创业团队合作。

（44）不能只是单一地回答问题，可以多加一些比较亲昵的称呼，让用户容易产生好感度，促进下单。

（45）在主播讲解商品的时候应口齿清晰，可以适当地放慢语速；以介绍商品信息为主，其余调节气氛的话语可以适当添加；主播团队在直播时要注意秩序，不出镜的一些工作人员适当减小说话音量，以免观众容易听不清自己想要获取的一些信息。

任务三

了解袜品直播粉丝互动营销策略

一、"光腿神器"丝袜电商直播文案（话术）

为了让读者更好地领悟电商直播中的粉丝互动营销策略，任务三列举了具体的直播文案——"光腿神器"秋冬款丝袜，如图 7-1 所示。

图 7.1 "光腿神器"丝袜（秋冬款）

主播：欢迎宝宝们进入我们的直播间，今天给大家带来一款福利产品哦，我们直播间一直以来的"爆款"，"宠粉"福利更是多多，千万不要错过，给个关注，更多优惠不容错过。欢迎××宝宝！（利用好自己的优势和优惠提醒，同时感谢进来的粉丝，让粉丝感受都主播对他（她）的尊重，并且能让直播间热闹起来，以吸引更多的粉丝）

粉丝：你好主播！

主播：请进直播间的宝宝们"扣1"，让我感受一下你们的热情，热情越高我给大家的福利就越多哦！（通过"扣屏"的方式活跃直播间，让用户参与进来，营造热闹的感觉）

粉丝：1

粉丝：1

……

粉丝：1

主播：今天宝宝们真的非常的热情活跃啊，看来主播也要给力一点才是，给大家介绍好的产品去回馈宝宝们的热情啊！话不多说，我们赶紧来看看直播间的第一款产品！女宝宝们注意喽！注意喽！秋冬裸感加绒加厚光腿神器！（可以对重点词句加强语气，增强用户接收点）有没有想要的，宝宝们想要的你们就在公屏上"扣6"，我看看有多少人要的，多的话我给大家做福利，咱走量，让大家以优惠的价格拿走产品，谁让主播爱你们呢！（寻找潜在需求者，并用"拼单"形式，坚定潜在需求消费者的购买欲望，犹豫不定的用户可进行二次吸引）

粉丝：6

粉丝：6

……

粉丝：6

主播：很多宝贝都很需要是不是！行！主播将"光腿神器"穿在脚模（型）上给你们详细介绍！（现在进行二次刺激消费）一些肉色打底裤很多都是单层不自然，很"假肢"，宝宝们没有穿出去的欲望，那我们的产品双层，加绒加厚，5~15℃都适用，整体颜色也是贴合宝宝们的肤色，给宝宝们近距离看看，是不是非常自然而且厚度也是非常给力！（将产品近距离对准直播镜头；再将手机上的模特试穿光腿神器效果的图片对准直播镜头，给宝宝们看）

粉丝：那会不会勾丝啊？破一小口子，会不会马上裂成一大片？

主播：感谢××宝宝的提问，提问很独到！相信很多宝宝可能也关心这个问题（对用户的提问可以适当地表扬或认可，除了表示重视外，更是增强和吸引其他用户积极互动提问，对于这类问题只要是产品支持并允许的，支持当场实验，用效果回答强于口头描述的营销效果）。为了让宝宝们相信我们的产品，主播当场给宝宝们演示一下，说实在的主播也很担心，但是主播对我们的选品还是很有底气的！

气氛组：主播你确定吗？万一"翻车"怎么办！（让气氛组营造出比较为难担忧的现场，加强直播间紧张的氛围感）

主播：不会的，我们的产品都是主播自己亲自选品，体验过后确定是好的产品才给宝宝们推荐的，我们要相信自己。来！宝宝们，给主播"扣

666",分享直播间好不好!这样的实验错过可就太可惜了,赶紧给你们亲朋好友转发!(顺势强调转发直播间,吸引更多粉丝)

粉丝:666

粉丝:666

……

粉丝:666

(并直播屏幕上显示宝宝们分享直播间)

主播:感谢宝宝们!(拿起一条"光腿神器")那主播剪了,大家看,我剪了一个洞,我再去给宝宝们去拉拉看会不会撕裂开(动作表情适当夸张)。宝宝们看!完全不会撕裂,这材质与质量真的没话讲了!宝宝们走在路上万一不小心勾破了,能避免大片撕裂的尴尬,宝宝们难道不想拥有吗?下半身失踪、短裙、毛线裙等的穿搭都需要这样的一条光腿神器,5℃~15℃秋冬必备!(可通过产品使用穿搭来再次刺激)

粉丝:那价格怎么样?

主播:想问价格是不是?来先给我看看有多少宝宝们想要!要的宝宝请"扣1"!

粉丝:1

粉丝:1

……

粉丝:1

主播:这么多宝宝们想要是不是!好!画重点啦!双层自然不假白、穿到5~15℃、加绒加厚的"光腿神器",市场平均价格50~60米(与其他同款最对比突出优势,三次刺激),那我们直播间不要60米!不要50米!40米也不要!36.98米给大家包邮送到家,给不给力?!赶紧去拍!一号链接!拍了的公屏上打"拍了"!(价格上的冲击,最后刺激消费者,促单并反复吸引和刺激潜在消费者,将潜在消费者转为现有消费者)

粉丝:拍了

粉丝:拍了

……

粉丝:拍了

主播:感谢宝宝们的信赖,拍了的宝宝收到货之后,满意请给个好评,要是不喜欢也不要担心,我们售后也是很到位的,给大家七天无理由退货,售前售后一条龙给大家优质的服务!(加强对购买后的消费信赖,并索取收货好评增强店铺信誉分数)

二、案例点评

（一）点评一

1. 亮点

第一，主播能够在粉丝进入直播间时及时做出欢迎之态（欢迎……进入直播间），这是要求在调动现场气氛的同时灵活应变，给粉丝非常强烈的参与感与尊重感。

第二，主播在整过过程中多次提到让粉丝们"扣屏"，这是一种很好的互动，活跃了直播间的氛围，热闹不失秩序。

第三，主播在介绍"光腿神器"有裂口不会撕裂的时候选择现场展示，这是很具有说服力的一种方式。

2. 不足

第一，直播内容中没有出现当粉丝送上礼物而表示感谢的文字，虽然这是一个很小的举动，很平常的一句话，但这是很好体现主播甚至是一个团队的素质。无论数量与价值的多少都要一视同仁，向送礼物的粉丝表示尊重与感谢！粉丝也会更加喜欢你，这些都是日积月累慢慢培养的。

第二，在直播开始之前，引出产品过于直白（欢迎宝宝们进入我们的直播间，今天给大家带来一款福利产品哦，我们直播间一直以来的"爆款"）。

第三，在直播过程中有一个环节是对该产品出现勾洞时不易撕裂的现场展示，但此前提是，主播首先得告知粉丝们，本产品在平常穿的过程中不易勾洞的，它的质量是有保障的，粉丝们可以放心（即不要让粉丝们有误解）。

3. 建议

第一，由于直播过程中，主播与粉丝之间的互动方式是非常单一的，主播除了关注弹幕情况外，可以适当地增加一些肢体动作和标志性语言，让粉丝能够有语言上的记忆，日积月累形成某种印象。

第二，从产品本身出发，直播内容中虽然介绍了产品的不易撕裂，也进行了现场展示，但是女性在购买"光腿神器"时还很在意的一点是这个产品是否贴身，"光腿神器"贴身不"掉裆"不紧绷是很重要的很关键的一方面；也就是说在介绍时要多方面、多优点，突出与其他产品相比较的优越性。

第三，针对上方的第二点不足，在引出本次直播产品时可以这样开场：小仙女们，秋冬到了，你们的衣柜里是不是还缺点"神器"呢？一直以来，我自己在购买的时候也曾多次"踩雷"，买回来发现要么颜色偏白偏黄不自然很像假肢，要么就是太短"掉裆"勒脚趾，一言难尽啊！但是还是想买一条自然的光腿袜，你们也都知道，冬天衣柜肯定要备几双的，何况我觉得冬天不穿光腿神器是没有灵魂的小仙女。直至遇见它！！！（加重语气念，然后拿出本次直播的产品）一开始拿到手上感觉颜色有点深，但上腿一试效果好到哭，上腿超自然的，我170cm也不会"掉裆"、真的惊讶到我了，爱不释手，质量很不错（上模特或现场人员的展示）。

（二）点评二

1. 优点

直播开场积极与观众互动，营造直播间热闹氛围，产生留人、吸引流量作用；展示产品优惠力度，引起消费者购买欲望；深挖产品细节，展示保暖丝袜不易损坏的实用性、肉色贴肤的裸感度、双层加厚的保暖性，进一步加强消费者购买欲望；通过让直播间观众"扣屏"的形式，加强互动，使直播间氛围火热，刺激消费者消费；直播环节环环相扣，循序渐进地引领消费者购买产品。

2. 不足与改进

对保暖袜的展示局限于照片，缺少真人产品展示，现场安排模特展示保暖丝袜，可以加强对消费者的视觉刺激，同时让消费者更安心地购买产品；缺少促单语句，可以在消费者犹豫阶段，通过一些文案让消费者产生过时不候的感觉，促进交易的完成，如"限时限量优惠""十二点前附赠××产品（服务）"；直播间互动形式单一，可增加娱乐等，在活跃直播间气氛的同时，吸引更多流量，提高潜在交易量；直播文案侧重于展示保暖袜的耐用性，在直播展示过程中，可以增加对保暖袜真实裸感、保暖抗寒方面的展示，多方面吸引消费者，增强消费者购买欲望；为扩大消费者购买量，可设置如"满五赠一""三人拼单享九折优惠"的优惠策略。

（三）点评三

1. 亮点

直播的整体节奏把握到位，能够起到吸引和刺激潜在消费者的作用；对产品的解说较为全面，并通过实验测评的方式来增加消费者对产品的信任度；直播间的氛围较为热闹，容易在短时间内提升消费者对直播和产品的喜爱程度。

2. 不足及建议

主播缺乏具有代表性的台词或动作（如李佳琦的"Oh my god"），缺乏记忆点，难以在消费者心中留下深刻的印象；直播的形式比较单一，缺乏一定的新意。建议创造一个具有代表性的台词或动作，有助于使消费者留下深刻的印象；抓住消费者寻求新鲜感的特点，积极创新电商直播的形式，从而赢得消费者的好感。

以上是三位粉丝看完了抖进针纺主播介绍的"光腿神器"丝袜以后对本次直播所做的评价。这些评价是基于用户视角的，非常真实，代表了用户的真实体验，同时也具有一定的专业水平，见仁见智。

项目小结

本项目简要分析了商品、主播、传播及用户等四个影响电商直播效率的因素。主播与用户之间围绕商品而开展的有效互动能提升直播关注度、提升粉丝活跃度、留存率及转化率。然而，电商直播发展的历史并不长，实践仍在不断的发展当中，至今很难找寻一套完整的电商直播互动营销理论。本项目以抖进针纺织品抖音袜直播为例，分享主播直播实例及用户体验评价，以发现主播与用户互动营销成功做法及存在的不足。

复习与讨论

1. 影响电商直播效果的影响因素有哪些？
2. 如何理解电商直播中商品与主播的关系？
3. 电商直播过程中主播与用户互动营销应注意哪些方面问题？
4. 从哪些角度去评价一场具体的电商直播活动？
5. 试讨论在电商直播过程中主播、商品二者的重要性程度。

项目实训

1. 以3~5人为一小组，观摩某商家的袜子电商直播，讨论主播与用户互动营销中的优缺点，并针对缺点提出可行性建议。
2. 以个人为单位，观摩某网红主播的电商直播，总结其在互动营销方面可以借鉴之处。
3. 以3~5人为一小组，开展袜品电商直播实训活动，并撰写实训心得体会。

参考文献

[1] 胡翼青，杨馨. 媒介化社会理论的缘起：传播学视野中的"第二个芝加哥学派"[J]. 新闻大学，2017（6）：96-103，154.

[2] 赵子忠，陈连子. 直播电商的传播理论、发展现状、产业结构及反思[J]. 中国广播，2020（9）：11-18.

[3] 艾媒网. 2020年中国直播电商行业用户画像及行为洞察[EB/

OL]. https://www.iimedia.cn/c1020/69178.html，2021-02-09.

本项目课件

项目八

抖音直播后台管理

项目描述

抖店——移动工作台是为商家提供的线上店铺管理平台，商家在申请开通移动端商家管理后台之前必须先在 PC 端商家后台完成店铺入驻、开通小店店铺，再使用手机、邮箱或者通过自己绑定的各 APP 的媒体号（如抖音、头条、抖火 APP）在移动工作台进行登录操作。抖店具有强大的商品、订单、物流、售后及数据分析等功能，能帮助商家实现移动端管店操作，以提升店铺经营管理效率。

项目分析

本项目设计了订单管理、售后管理、物流管理及数据分析四个实训任务。通过真实的后台操作介绍，让读者充分了解抖店平台的商品、订单、物流、售后及数据分析等功能及操作。

项目目标

知识目标

- 了解抖店平台的订单管理功能。
- 了解抖店平台的售后管理功能。
- 了解抖店平台的物流管理功能。
- 了解抖店平台的数据分析功能。

能力目标

- 熟悉抖店平台订单管理操作。
- 熟悉抖店平台售后管理操作。
- 熟悉抖店平台物流管理操作。
- 熟悉抖店平台数据分析操作。

育人目标

- 主播及团队应拥有良好的职业操守,以客户为中心,为客户提供满意的产品及服务。

任务一

熟悉订单管理功能

抖店"订单"菜单下设计了"订单管理""批量发货""快速打单""评价管理""售卖预警""核销管理"六大功能,其中以"订单管理"使用最普遍,能较好地满足卖家对订单状态进行监控与管理的需求。

卖家可以从"订单管理"中查询每笔订单的相关信息,也可根据某些条件筛选出所需要的订单,还可以查看一定时间内不同状态的订单及对订单进行必要的管理。以下介绍订单管理的主要功能。

首先找到"抖店"首页的左侧菜单栏,点击"订单"菜单,其下设的六大功能即可在页面上显示。"订单管理"功能即"订单"菜单下的第一功能,点击即可进一步使用该功能,如图8.1所示。

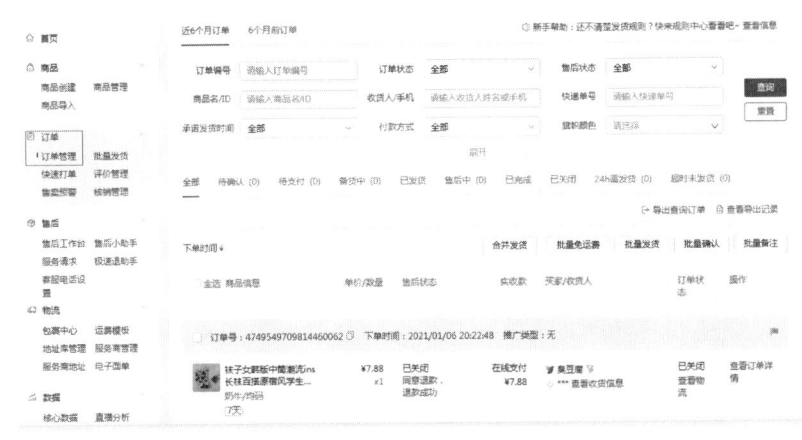

图 8.1 "订单管理"页面

一、功能1：多条件筛选订单

抖店中的订单可分为"近6个月订单"与"6个月前订单"。如图8.2所示，卖家可以在订单筛选功能区根据条件信息查询到某些（笔）订单。

图8.2 多条件筛选订单

例如，以"收货人/手机""完成时间""付款方式"三个条件查询订单，查询结果如图8.3所示。

图8.3 订单查询结果显示

二、功能2：快捷筛选订单

抖店平台可快捷查询近6个月以来包括"待确认""待支付""已关闭""已完成""超时未发货"等状态的订单。如图8.4所示，可点击任一状态查询其下的所有订单。

图 8.4 快捷筛选订单

三、功能 3：合并订单

如图 8.5 所示，抖店中"合并发货"功能可将收件人信息（收件人、手机号码、收货地址、支付方式）相同的订单合并为一单进行发货，既方便管理，又节约发货成本。

图 8.5 合并订单发货功能

四、功能 4：导出查询订单

卖家若需要导出查询到的订单，可使用抖店中的"导出查询订单"功能。图 8.6 导出的是按订单下单时间条件查询的订单。

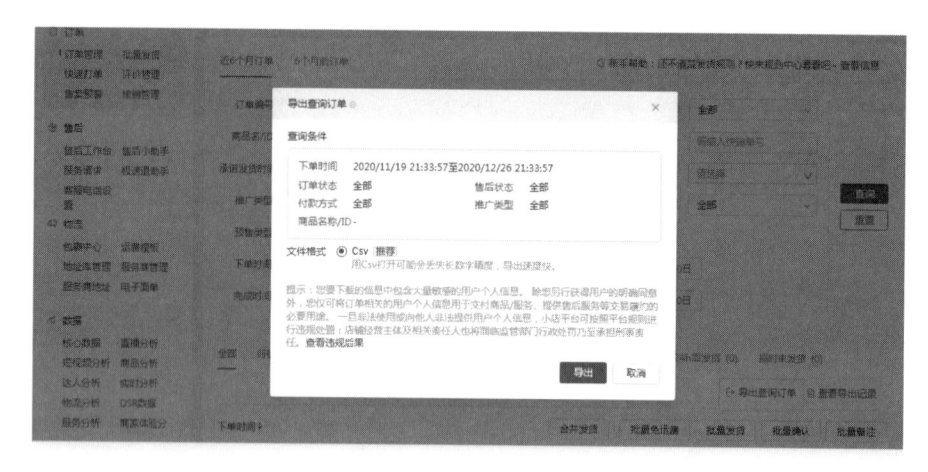

图 8.6　导出查询订单

任务二

熟悉售后管理功能

售后服务质量直接影响到客户对品牌和产品的满意度、忠诚度，抖店中设置了"售后"菜单供卖家使用，从而保证售后服务品质。"售后"菜单下设计了"售后工作台""售后小助手""服务请求""极速退助手""客服电话设置"五大功能。其中以"售后工作台"使用最为普遍。以下简要介绍"售后工作台"的功能。

找到"抖店"首页的左侧菜单栏，点击"售后"菜单，其下设的五大功能即可在页面上显示。"售后工作台"功能即"售后"菜单下的第一功能，点击即可进一步使用该功能，如图8.7所示。

图8.7 "售后工作台"页面

"售后工作台"页面上方是多条件筛选，下方则是快捷筛选。

一、功能1：多条件筛选功能

如图8.8所示，卖家可以根据平台功能，卖家可根据订单编号、售后编号、售后状态、售后类型、申请原因、收货人、退货运单号等条件查询出需要处理的订单。图8.9为按收货人手机查询到的订单结果。

图8.8 多条件筛选订单页面

图8.9 多条件筛选结果

二、功能2：快捷筛选

如图8.10所示，卖家可点击"全部""未发货退款待处理""已发货仅退款待处理""退货待处理"等条件，快速查询出与该状态相关的订单。

图 8.10 快捷筛选页面

三、功能 3：导出明细

如图 8.11 所示，点击"导出明细"，卖家可方便完成售后数据的提取。

图 8.11 导出明细

四、功能 4：批量操作处理

如图 8.12 所示，批量操作处理功能让卖家处理售后申请快捷省时，有效减轻了商家的工作量，进一步提升了售后服务的效率。

图 8.12 批量操作处理

任务三

熟悉物流管理功能

抖店设置了"物流"菜单供卖家使用，以此提高物流服务水平，努力提升消费者购物体验。"物流"菜单下设计了"包裹中心""运费模板""地址库管理""服务商管理""服务商地址""电子面单"六大功能。任务三向读者简单介绍了"物流"菜单下的"包裹中心""运费模板""地址库管理"三大功能。

一、功能1：包裹中心

如图8.13所示，包裹中心页面上方为多条件选择框，卖家可以根据需要输入"运单号""快递公司""发货时间""处理状态"等条件信息，获得查询结果，查找出包裹异常的订单。包裹中心页面下方为卖家根据发货时间查询到的快递信息。

图8.13 包裹中心

二、功能 2：运费模板

卖家可利用"运费模板"功能改变"一单多商品运费计算规则"。除此之外，商家可在此新建自己的运费模板，也可使用抖音官方的"全国包邮"默认模板，见图 8.14。

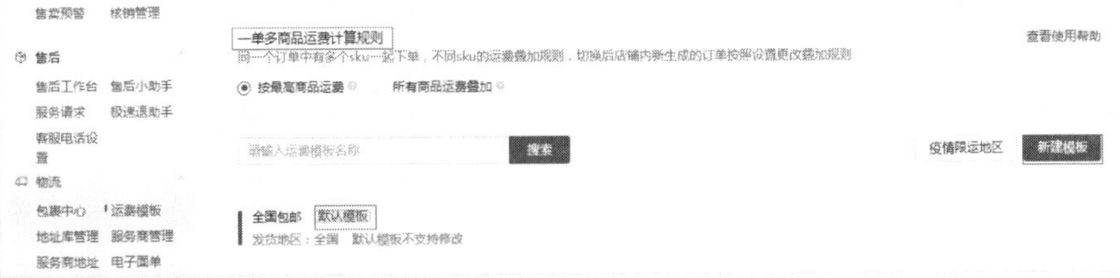

图 8.14 运费模板

如图 8.14 所示，抖音平台支持默认模板及卖家新建模板两大功能。"一单多商品运费计算规则"向卖家提供按最高商品运费或所有商品运费叠加两种方案。商家若无法确定自己的选择，可点击右上角的超链接"查看使用帮助"获取更多信息。图 8.15 为卖家新建运费模板，卖家可根据自身的需求设置快递收费规则。

图 8.15 新建运费模板

三、功能3：地址库管理

如图8.16所示，"地址库管理"用来保存卖家的发货、退货地址，最多可添加50条。在此页面，卖家可进行新建、编辑、删除地址等操作。买家退换货等售后问题联系方式填写错误造成损失由商家承担。

图8.16 地址库管理

任务四

熟悉数据分析功能

电商直播离不开数据分析，抖音官方在抖店中提供了一系列数据分析功能。"数据"菜单下共有"核心数据""直播分析""短视频分析""商品分析""达人分析""实时分析""物流分析""DSR 数据""服务分析""商家体验分"十大版块内容。数据种类涵盖直播、视频、商品等方面。商家可通过"数据"菜单获取大量有价值的信息，使直播带货运营水平得到进一步提升。

任务四向读者简要介绍了"数据"菜单下的"核心数据""直播分析""短视频分析""物流分析""DSR 数据""商家体验分"六大功能。

一、功能1：核心数据

核心数据由"实时概览""核心指标""直播速览"三类数据构成。实时概览包含当日成交金额、商品总访客数、总点击人数及商品成交数据，如图 8.17 所示。

图 8.17 "实时概览"页面

当日成交金额以图文并茂的形式展现，更加具体、直观。图 8.17 展示的是 2021 年 2 月 23 日更新的直播实时数据。

核心指标包含商品总访客数、商品总点击人数、直播间商品点击人数、短视频商品点击人数、成交金额五种数据。五种数据均可用统计图展示，能同时选中其中任意两个数据生成曲线图。图 8.18 展示的是商品总访客数与直播间商品点击数。

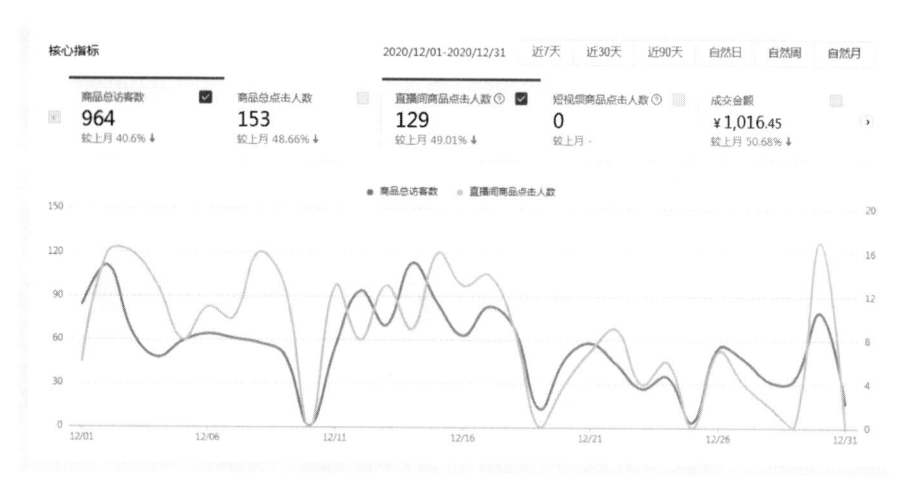

图 8.18 "核心指标"页面

直播速览由直播期间成交金额、直播间数、本店上架商品以及今日直播数据组成。如图 8.19 所示，可展示直播当天及近 7 天的直播数据；当天没有进行直播时，今日直播数据则会显示"抱歉，今日无直播数据"。

图 8.19 "直播速览"页面

二、功能 2：直播分析

直播分析由数据概览、直播间明细组成。数据概览包括本月开播场次、本月开播主播、本月开播时长、本月开播成交金额等组成。

如图 8.20 所示，本抖音小店 2020 年 12 月共直播 26 场，开播时长为 80.6 小时，成交金额为 1015.95 元。

图 8.20　2020 年 12 月直播数据概览

图 8.21 展示的是近 90 天的直播间明细，可供查看明细的指标有 1～4 个，卖家可以在直播指标及电商指标中根据需要进行选择。图 8.21 下方显示了 2 条直播记录。

图 8.21　"直播间明细"页面

三、功能3：短视频分析

直播分析由数据概览、短视频明细组成。数据概览包括本月电商短视频发布、本月电商短视频发布达人、本月发布电商短视频成交、本月发布电商短视频退款金额组成，如图8.22所示。

图8.22　短视频数据概览

短视频明细涵盖视频指标与电商指标，勾选其中1～4个指标，即可获得某段时间内短视频的相关数据。卖家可在"视频指标"的上方找到调整时间的按钮，根据需求点击即可，如图8.23所示。

图8.23　短视频明细

四、功能4：物流分析

物流分析由核心数据、异常提醒、明细查询组成。核心数据包括48小时发货率、72小时揽收率、物流品质退货率、支付到签收平均时长、物流差评率。图8.24展示了卖家90天物流核心数据。

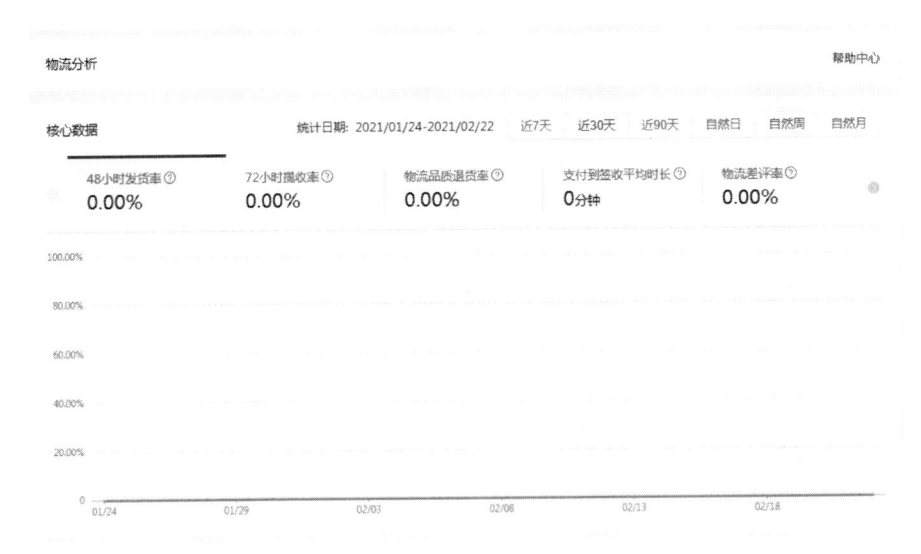

图8.24 "核心数据"页面

异常提醒包含异常订单总订单数、揽收时间异常、签收时间异常、虚假发货订单总量、中转异常、物流环节超时，如图8.25所示。

图8.25 物流异常提醒

明细查询由订单信息与物流信息组成。订单信息包含五个指标，物流信息包含三个指标。商家可选择指标进行明细查询，如图8.26所示。

图 8.26 "明细查询"页面

五、功能 5：DSR 数据

DSR（卖家服务评级系统）包括用户口碑（D）、服务态度（S）、发货速度（R）。抖音卖家三项指标的综合得分即为商家服务得分 DSR，如图 8.27 所示。

图 8.27 DSR 数据

此外，抖音官方提供了服务得分 DSR 的变化趋势图，如图 8.28 所示。

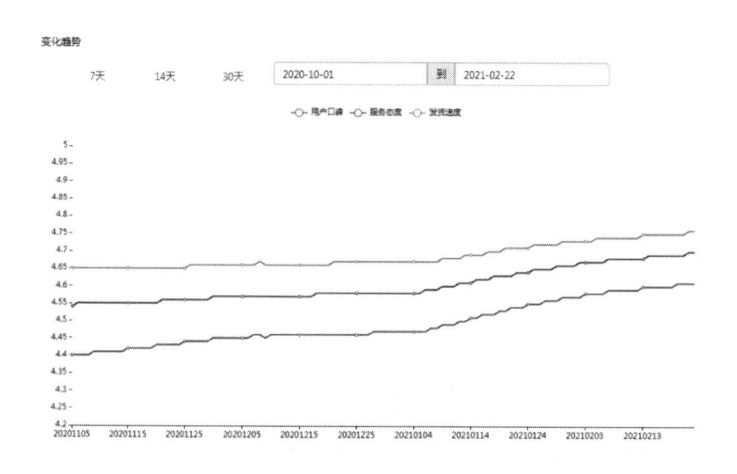

图 8.28 DSR 数据变化趋势

六、功能 6：商家体验分

商家体验分主要向卖家展示了体验分、分数详情以及关于"商品体验""物流体验""商家服务"的分析诊断，并配以统计图进行说明。

如图 8.29 所示，分数详情由商品体验、物流体验、商家服务组成，该卖家用户体验验合得分为 4.75；其中，商品体验得分为 4.89，物流体验得分为 4.54，商家服务得分为 4.54。

图 8.29　商家体验分

图 8.30 显示该商家商品好评率为 100%，同行均值为 84.03%。卖家可以点击图 8.30 中的"物流体验""商家服务"查看同行情况。

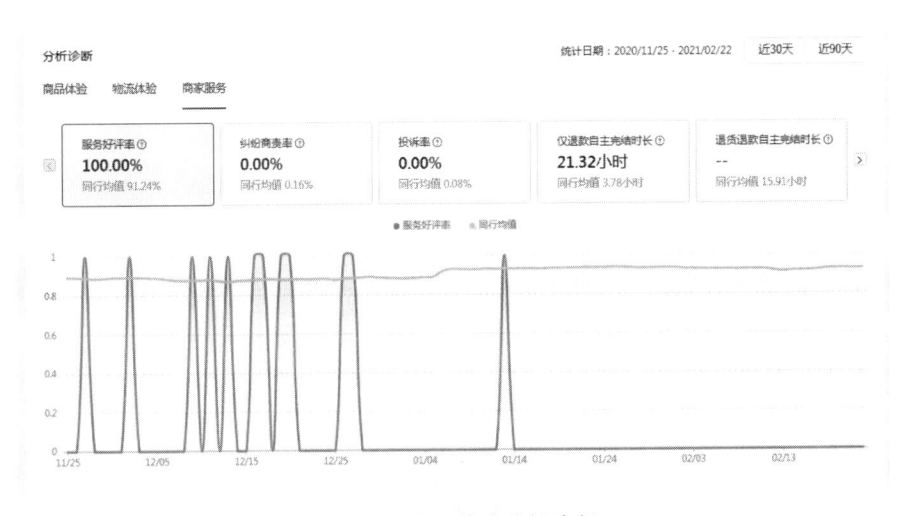

图 8.30　商品体验分析诊断

抖店平台功能极其丰富，除上文介绍的功能之外，还有资产、店铺、服务市场及奖惩中心等功能服务。

项目小结

本项目以抖进针纺织品网店为例，通过抖店真实的后台操作介绍，让读者充分了解抖店平台订单、物流、售后及数据分析等功能及操作。由于篇幅有限，未能列举抖店平台所有功能。在抖音直播实际应用过程中，读者可以参考抖店移动工作台商家手册。

复习与讨论

1. 抖店平台的订单管理具有哪些功能？
2. 抖店平台的物流管理具有哪些功能？
3. 抖店平台的售后管理具有哪些功能？
4. 抖店平台的数据分析具有哪些功能？

项目实训

1. 以3~5人为一小组，在抖店平台上熟悉袜子产品的订单管理、售后管理、物流管理等功能，并完成实训报告。

2. 以3~5人为一小组，在抖店平台上熟悉抖店的数据分析功能，并完成实训报告。

参考文献

［1］抖音电商大学［EB/OL］. https：//school. jinritemai. com/doudian/web/article/105103.

［2］抖店［EB/OL］. https：//fxg. jinritemai. com/login.

本项目课件

项目九

电商直播实训教育

项目描述

电商直播人员只有全面了解所从事的行业职业,才能做到不违背国家法律法规,不违反行业企业关于直播的相关管理规定。为此,本项目通过相关学习任务,让读者较系统全面地了解电商直播这个职业、从事直播职业对主播的相关要求,以及从事电商直播职业须遵守的相关法律法规和行业企业的管理规定。

项目分析

为达到预定的实训教学效果,本项目设计了对互联网营销师职业了解、不同群体对电商直播及主播角色的认知、与直播相关的法律法规及行业企业管理规定了解三个实训任务。

项目目标

知识目标

- 了解国家人力资源和社会保障部最新发布的互联网营销师职业。

- 了解网红主播对直播的认知。
- 了解在校大学生对直播主播角色的认知。
- 掌握国家法律法规有关直播的相关条例。
- 掌握直播行业企业对直播的相关管理规定。
- 掌握抖音平台对直播及主播的相关管理规定。
- 了解直播侵权案例。

能力目标

- 能结合网红主播对直播的认知，分析在校大学生对直播及主播认知的不足。
- 熟悉国家法律法规及行业企业对直播的相关管理规定，学会分析相关的案例。
- 观看电商直播视频，学会查找抖音电商直播禁用词。

育人目标

- 牢记法律法规及行业企业对直播的相关管理规定，并在直播过程中树立法律意识、自律意识，自觉维护良好的直播环境。

任务一

了解电商直播行业职业

直播电商自2016年兴起,到2019年发展初具规模,伴随着线上渠道的不断创新以及在新冠肺炎疫情催化下使得消费者对于线上消费习惯的养成,2020年直播电商作为一种新型购物方式已迎来了全面爆发期,正逐渐成为一种全民参与的商业形式。

为助力新冠肺炎疫情防控,促进劳动者就业创业,根据《中华人民共和国劳动法》有关规定,2020年5月11日,中华人民共和国人力资源和社会保障部官网发布了《关于对拟发布新职业信息进行公示的公告》,新增"互联网营销师(4-01-02-07)"职业,并在其下增设了"直播销售员"工种。具体条文如下:

(三)互联网营销师(4-01-02-07)

定义:在数字化信息平台上,运用网络的交互性与传播公信力,对企业产品进行多平台营销推广的人员。

主要工作任务:

1. 研究数字化平台的用户定位和运营方式;
2. 接受企业委托,对企业资质和产品质量等信息进行审核;
3. 选定相关产品,设计策划营销方案,制定佣金结算方式;
4. 搭建数字化营销场景,通过直播或短视频等形式对产品进行多平台营销推广;
5. 提升自身传播影响力,加强用户群体活跃度,促进产品从关注到购买的转化率;

6. 签订销售订单，结算销售货款；

7. 负责协调产品的售后服务；

8. 采集分析销售数据，对企业或产品提出优化性建议。

本职业包含但不限于下列工种：

直播销售员

二、拟新增工种信息

……

（二）在"互联网营销师（4-01-02-07）"职业下增设"直播销售员"工种。

……

任务二

了解不同群体对电商直播及主播角色的认知

一、网红主播、直播达人对主播职业的认知

（1）主播并不需要什么天赋，要有表演欲，有情商，最好有自己的特征、才艺等。这些都是可以通过学习来提高的。哪怕性格内向的人，多锻炼，也可以在直播的时候成为侃侃而谈的主播。所以，并没有什么天赋之说，努力大于天赋。

（2）主播没有颜值一定要有才艺；没有才艺一定要有心态；没有心态，一定要坚持。坚持上几年，任何天赋都不如你这坚持几年的经验。

（3）李佳琦和薇娅是目前直播带货领域两大公认的顶级的主播，当被询问"颜值""体力""个性""口才""煽动性"等哪一项是主播带货的必备要素时，薇娅认为主播颜值不是最重要的，"煽动性"是必备要素；李佳琦认为主播最重要的是专业性。

（4）网红主播罗永浩认为直播带货确实不是说想到了做这件事就每个人都可以做（好/成功），有成为网红潜质的人理论上有较高比例适合做这件事。每个主播都有自己个人的风格，发挥自己风格，永远比模仿别人要效果好。

二、在校大学生对从事主播职业的认知

（1）经常看李佳琦和薇娅的直播，每天都会去关注他们直播的内容

等，比较熟悉直播间的流程和方式方法，适合电商直播团队中的主播角色。

（2）喜欢与人沟通交流分享一些事情，愿意在实践中积累更多的经验，学会锻炼做一个主播的能力，适合电商直播团队中的主播角色。

（3）喜欢和人交流，日常中与陌生人也能交谈起来；在群体中喜欢做活跃气氛的人，适合电商直播团队中的主播角色。

（4）因为能够较好地带动直播间氛围，可能适合电商直播团队中的主播角色。

（5）自身口才能力有限，无法在直播间连续讲上数小时；性格偏内向，在直播间可能会比较紧张；自身综合能力不够，没有办法很好地处理各种应急问题，不适合电商直播团队中的主播角色。

（6）不喜欢面对镜头，且临时反应能力和语言组织能力不强，不能应对直播间一些突发情况；也无法逻辑清晰、口齿伶俐地介绍商品的所有信息，不适合电商直播团队中的主播角色。

（7）口才不能坚持在屏幕面前滔滔不绝地说几个小时，不适合电商直播团队中的主播角色。

（8）对于不停地解答的耐心可能不够，反复的问题不知道该怎么反复地去说，不适合电商直播团队中的主播角色。

（9）主播需要关于售卖商品的专业知识以及敢于展示自己的口才，需要一定的心理素质，不适合电商直播团队中的主播角色。

（10）作为一名主播，需要一定的口才能力和控场能力，需要具有随机应变的能力。在口才方面不太能胜任这个主播角色，也不太具备随机应变的能力。不适合电商直播团队中的主播角色。

（11）性格较为内向慢热，没有相应的工作经历，且控场能力不佳，不适合电商直播团队中的主播角色。

（12）普通话不标准，形象不过关，语言表达能力不好，没有自信，不适合电商直播团队中的主播角色。

（13）口才不流利，不擅长对着屏幕和人交流，不适合电商直播团队中的主播角色。

（14）较自闭，不适合电商直播团队中的主播角色。

（15）从经验角度出发，还未积累一定的主播能力，遇到突发问题容易慌张，不能冷静应对，不适合电商直播团队中的主播角色。

（16）口才不好（话少），没有办法活跃气氛，长时间的交流进行不下去，会"尬场"，不适合电商直播团队中的主播角色。

（17）不太会聊天，互动能力差，不适合电商直播团队中的主播角色。

（18）面对镜头会有点胆怯，不适合电商直播团队中的主播角色。

（19）在镜头前面会显得有些不自在，在镜头下会让面部表情有点奇怪，不适合电商直播团队中的主播角色。

（20）面对直播的镜头会紧张，没法很好地互动，不适合电商直播团队中的主播角色。

（21）口才不好，且面对镜头会害羞，不适合电商直播团队中的主播角色。

（22）性格偏内向，面对镜头容易紧张，容易结巴，不适合电商直播团队中的主播角色。

（23）在直播方面不是很感兴趣，自己一个人直播会有一种不实际的感觉，而这种感觉让人很不适应，不适合电商直播团队中的主播角色。

（24）主播到底还是要看一下外貌的，邋遢不适合电商直播团队中的主播角色。

任务三

了解主播直播行为规范

电商直播是一种商业行为,主播需要时刻对其直播行为及内容负责,以确保直播环境健康有序。国内直播发展已经有数年的历史,发展环境日渐成熟,无论是政府,还是行业、企业,均对主播的行为规范进行了相关的约束。本任务以对面直播、斗鱼TV、抖音直播为例,摘抄行业、企业管理规定;并介绍了直播行业违规案例,以让读者充分了解主播直播行为规范。

一、对面直播主播须知

在对面直播《主播规范手册》中,开头部分为主播须知,其共包括9点内容:

(1)主播头像设置请使用本人正面高清照片,提议尺寸750×700dpi,严禁图片模糊、衣着暴露、墨镜头发等遮挡面部;

(2)开播前请整理好妆容,注意发型、穿着、背景、房间光线,调整好自己状态和手机直播角度,严禁光线不足、背景杂乱、裸妆、只漏半脸直播;

(3)开播时请将直播链接分享至QQ群、微信好友圈或微博,主播号个人信息签名处备注粉丝QQ群;

(4)直播期间请立即关注直播间动态,主动参与引导用户交流,确保聊天秩序和气氛;

(5)主播应向每一位进来的"游客"打招呼,让用户感受到你的主

动和热情;

(6) 严禁消极直播, 如挂机、无互动交流、做与直播不相关的事情;

(7) 主动给新进游客以引导和帮助, 主动解答游客疑问 (如引导用户点关注, 解答游客相关充值比例、方式等问题);

(8) 作为平台主播请每隔10分钟做一次平台品牌强调 (如欢迎大家来到直播间, 我是主播××, 喜欢我的朋友可以点击左上方头像关注等);

(9) 严禁屏蔽主播群, 保证通信、网络顺畅, 能随时联络。

二、对面直播主播违规条例

在对面直播《主播规范手册》中包括诸多主播违规管理方法的内容, 以下介绍其中的一部分。

(一) 严禁进行反党反政府或带有欺侮诋毁党和国家行为:
1. 违反宪法确定的基本原则;
2. 危害国家安全, 泄露国家秘密, 颠覆国家政权, 破坏国家统一;
3. 损害国家荣誉和利益;
4. 煽动民族仇恨、民族歧视、破坏民族团结;
5. 破坏国家宗教政策, 宣扬邪教和封建迷信;
6. 散布谣言, 扰乱社会秩序, 破坏社会稳定;
7. 散布暴力、恐怖或者教唆犯罪;
8. 煽动非法集会、结社、游行、示威、聚众扰乱社会秩序;
9. 其他可能引发或已经引发不良影响的政治话题。

(二) 严禁直播违反国家法律法规内容:
1. 展示毒品样品、表演及传播毒品吸食或注射方式、讲解毒品制作过程等一切与毒品相关的内容;
2. 组织、宣传、诱导用户加入传销 (或有传销嫌疑) 的机构;
3. 与赌博或涉嫌赌博有关的任何活动;
4. 播放自己或他人的腐朽、低级趣味活动, 如享受不道德的、腐朽的消费等;
5. 其他低俗涉黄行为。

(三) 严禁进行威胁生命健康, 或利用枪支、刀具演出, 比如:
1. 使用刀具、仿真刀具、枪支、仿真枪支表演具有高度危险性的节目等;

2. 表演危害他人人身安全的内容，如殴打他人、威胁他人等；

3. 表演危害自身安全的内容，如自残、自杀等；

4. 表演危害动物生命健康的内容，如虐待小动物等；

5. 其他威胁生命健康的表演。

（四）严禁侵犯他人合法权益的行为：

1. 侵犯他人隐私，危及公众利益，未经当事人同意，禁止公开他人姓名、住址、电话等个人资料、进行任何形式的采访、与公众进行互动及其他隐私信息；

2. 使用文字、语音、图片等任何形式宣传其他同类型语音、视频平台；

3. 播放未经授权的影视作品；

4. 进行其他侵害他人正当权益的行为；

5. 冒充媒体、电视台、记者等名义进行直播活动；

6. 发布广告信息，包括全部违反国家法律及平台相关管理规则的信息，如赌博类、博彩类、成人用品类、枪支、军刀、弓弩类、成人影视类、云盘类广告、性用品、保健品类、香烟广告、非法性药品广告和性病治疗广告等相关内容。

（五）严禁主播以任何形式表演带有色情、涉黄擦边、引起他人性欲、低级趣味内容：

1. 通过各种方式展示或隐晦展示含有性特征的身体敏感部位。比如：将镜头刻意聚焦性敏感部位；进行带有性暗示的抚摸、拉扯等动作；使用性用具（或容易联想到性用具的其他物品）作为表演道具；其他性暗示行为。

2. 传播具有性行为、性挑逗或性侮辱内容的任何信息。比如：传播侵犯他人隐私的走光、偷拍、漏点等信息；传播招嫖、一夜情、换妻、性虐待等有害信息；传播情色游戏、动漫；传播淫秽、低俗网站；传播涉黄、带有性挑逗的图片、言论、歌曲、文字、视频、声音等内容。

（六）其他规范要求：

1. 严禁以低俗、暴露、带有显著性暗示妆容进行直播。比如：男性赤裸上身；女性穿着过于暴露，如露出胸部、臀部、内衣物等敏感部位；穿着情趣制服、情趣内衣、暴露装、透视装、肉色紧身衣、内衣外穿等；穿着带有中华人民共和国（包含港澳台）国家机关人员、军队的工作制服进行娱乐性质直播；其他不雅妆容。

2. 严禁在直播镜头前抽烟、喝酒、用餐。

3. 严禁恶意攻击他人，包括谩骂、诽谤、地域攻击等。

4. 严禁直播过程中发布商业性质的广告，如微商、淘宝等。

5. 严禁直播中出现外站 LOGO，宣传外站信息，引导用户去往外站等。

6. 严禁消极直播，如挂机、无互动交流、做与直播不相关的事情。

7. 严禁进行其他类涉政、涉黄、违法、侵权或威胁生命健康等其他类型违反本平台相关秩序规范的表演。

三、对面直播处罚方法分类说明

（1）若主播出现违规行为，一经认定，视情节严重程度进行处罚。分为：严重违规（A 类违规）、通常违规（B 类违规）及轻微违规（C 类违规）。

（2）A 类违规处罚：5 级账号处罚，并扣除账号内全部钻石。

（3）B、C 类违规处罚：依据情况进行警告、1~4 级账号处罚、解除权重、推荐位隐藏等处罚。

（4）账号处罚规则：1 级处罚账号禁播 1 天；2 级处罚账号禁播 5 天；3 级处罚账号禁播 10 天；4 级处罚账号禁播 30 天；5 级处罚永久账号封停。

四、斗鱼 TV 对主播行为规范的相关规定

为规范主播行为，2016 年 2 月，斗鱼 TV 发布了《斗鱼 TV 扣分系统上线 直播间违规管理方法》的公告，目的是对违反公告规定的主播严查，扣分系统总分值为 12 分，管理期间将对直播违规行为扣分，主播直播间分数小于 4 分时，系统将关闭直播间的礼物、酬勤系统，超管将重点关注该直播间，当直播间分数为 0 时，将永久封停该直播间。斗鱼 TV 官方公告对主播行为、着装进行了严格的限定，其内容如下。

（1）女主播服装不能过透、过露，不能只穿比基尼及类似内衣的服装或不穿内衣，不能露出内衣或内裤（安全裤），违规扣 1 分。

（2）女主播背部的裸露部位不能超过上半部的 2/3 以上即腰节线以上，违规扣 1 分。

（3）女主播下装腰部必须穿到骨盆以上，低腰下装不得低于脐下 2 厘米，即不得露出胯骨及骨盆位置，短裙或短裤下摆不得高于臀下线，违规扣 1 分；男主播不得仅穿着三角或四角及类似内衣的服装、紧身裤直播，且裤腰不得低于胯骨，违规扣 1 分。

（4）女主播胸部的裸露面积不能超过胸部的 1/3，上装最低不得超过胸部 1/3 的位置，违规扣 1 分。

（5）主播拍摄角度不得由上至下拍摄胸部等敏感部位，由下至上拍摄腿部、臀部等敏感部位，违规扣 1 分。

（6）主播不得长时间聚焦腿部、脚部等敏感部位，违规扣 1 分。

（7）游戏分类（标签为游戏类别）主播摄像头不得超过游戏界面 1/3 且不得超过整体屏幕 1/4，违规扣 1 分。

（8）主播不得进行具有挑逗性的表演，包括但不限于脱衣舞等，违规扣 1 分。

（9）主播不得进行带有性暗示的抚摸、拉扯、舔咬、拍打等有暗示动作，或使用道具引起观众对性敏感部位的注意，也不能利用身体上的敏感部位进行游戏，包括但不限于猜内裤的颜色、猜内衣的颜色、剪丝袜、直播脱/穿丝袜、撕扯或剪衣服等，违规扣 1 分。

（10）主播不得做出有走光风险的动作，包括但不限于弯腰、高抬腿、双腿分开、劈叉、下腰、倒立、频繁切换坐姿等，违规扣 1 分。

（11）主播不得以诱惑、挑逗性质的声音、语言吸引观众，包括但不限于模仿动物发情时的叫声、使用直接或者隐晦性暗示词语，违规扣 1 分。

（12）禁止主播以暴力工具［枪支（含仿真枪）、刀具等］、赌博工具、性用品、内衣等涉及不雅内容的物品作为表演道具，违规扣 1 分。

（13）国家公务人员，直播身穿制服，需先联系客服报备，非国家公务人员不得身着相关制服进行直播，违规扣 1 分。

五、抖音直播违规等级及处罚

为加强直播内容的管理，抖音平台制定《抖音直播行为规范》，对主播在直播中的行为进行规范，平台依据主播违规行为严重程度，将其违规行为划分为三个等级，并对应三个级别的处罚措施。

（一）一级（严重违规）

（1）反对宪法所规定的基本原则的；

（2）危害国家安全，泄露国家秘密，颠覆国家政权，破坏国家统一的、出现涉军事秘密和军警制服类信息，或穿着国家公职人员制服直播的；

（3）损害国家荣誉和利益的，或调侃革命英烈、革命历史；

（4）煽动民族仇恨、民族歧视，破坏民族团结的；

（5）破坏国家宗教政策、宣扬邪教和封建迷信的；

（6）散布谣言，扰乱社会秩序，破坏社会稳定的、妄议国家大政方针、炒作社会敏感话题的；

（7）散布淫秽、色情、赌博、暴力、凶杀、恐怖或教唆犯罪的；

（8）侮辱诽谤他人、侵害他人合法权益的；

（9）含有法律、行政法规禁止的其他内容的，组织、宣传、诱导用户加入传销（或有传销嫌疑）机构的；

（10）未成年人直播、冒充官方非本人实名认证开播的。

违规处罚：对于发生一级违规的主播，平台将永久封禁主播账号或永久封禁开播，并保存相关违法违规资料。

（二）二级（中等违规）

（1）直播内容带有性暗示、性挑逗、低俗趣味的行为；

（2）直播内容荒诞惊悚，影响社会和谐的行为；

（3）展示千术、赌术；

（4）展示行医行为、销售药品等任何关于医疗的直播；

（5）直播未经授权的、未备案或含有低俗暴力内容的影视剧、电视节目、电台节目、游戏；

（6）直播宣扬伪科学、违反公序良俗的内容。

对于发生二级违规的主播，平台将根据违规情节给予警告断流或封禁开播权限（1天到永久不等）等处罚。

（三）三级（一般违规）

（1）着装暴露低俗、妆容不雅、语言低俗；

（2）在直播中进行开车、抽烟、喝酒等危害生命健康的行为；

（3）恶意发布广告，展示联系方式或以任何形式导流用户私下交易；

（4）直播攀岩、跳伞、口吞宝剑等危险行为；

（5）直播间图片、文字、昵称、头像、背景等含有违规内容；

（6）投资类直播，如讲解或引导投资房地产、股票、基金等；

（7）外国人直播，包括不限于直播中外国人出镜、主播为中国人在境外户外直播；

（8）方言直播，包括不限于对着镜头直播长时间使用少数民族语言、地方方言、外语、哑语等关于方言类、外语类、特殊语种类的情况（此处方言是指跟普通话差异非常大，非该方言地区无法听懂）。

对于发生三级违规的主播，平台将根据违规情节给予警告、断流或封禁开播权限（1天到一周不等）等处罚。

六、抖音直播禁用词

在抖音账号运营过程中，抖音系统能对平台上用户账号直播及视频内容进行实时监测，用户由于没有遵守抖音平台规则，在视频中频繁使用一些违规词、敏感词，导致账号审核不通过、被限流，甚至被封号。主要的违禁词方向是广告类，目前抖音官方对硬推广引流这类行为的审核力度还是非常强大的，平台有质量审核专员，一旦查实发现直播有低质量推广内容，就会降权停播；直播间出现任何形式，包括口播的QQ、微信、手机号码、二维码（包括头条系任何二维码）等暗示会被平台检测到并实行处罚。比如"钱"字，"这个东西多少多少钱"，这是绝对违禁的一个词语，需用"米"来代替。又比如"微信"一词，很多用户在直播的时候想让粉丝加微信，但"微信"这个词是绝对敏感的词汇。除了需要注意敏感词汇以外，还需要注意直播的内容，如果直播打广告，一定要开启小黄车功能，使用直播电商购物会比较安全一些。还有很多雷区暗藏在平时难以注意到的细节甚至字面里，如封面设置违规、播出位置违规等，这些"小坑"都藏在实操的血泪之中，非常考验主播的运营能力和政策敏感度。以下列举抖音不能出现的部分敏感词：

（一）严禁使用极限用语

（1）严禁使用国家级、世界级、最高级、第一、唯一、首个、首选、顶级、国家级产品、填补国内空白、独家、首家、最新、最先进、第一品牌、金牌、名牌、优秀、顶级、独家、全网销量第一、全球首发、全国首家、全网首发、世界领先、顶级工艺、王牌、销量冠军、第一（No.1或TOP1）、极致、永久、王牌、掌门人、领袖品牌、独一无二、绝无仅有、史无前例、万能等。

（2）严禁使用最高、最低、最、最具、最便宜、最新、最先进、最大程度、最先进科学、最佳、最大、最好、最新科学、最新技术、最先进加工工艺、最时尚、最受欢迎、最先等含义相同或近似的绝对化用语。

（3）严禁使用绝对值、绝对、大牌、精确、超赚、领导品牌、领先上市、巨星、著名、奢侈、世界全国×大品牌之一等无法考证的词语。

（4）严禁使用100%、国际品质、高档、正品等虚假或无法判断真伪的夸张性表述词语。

（二）违禁时限用语

限时须有具体时限，所有团购须标明具体活动日期，严禁使用随时结束、仅此一次、随时涨价、马上降价、最后一波无法确定时限的词语。

（三）违禁权威性词语

（1）严禁使用国家×××领导人推荐、国家××机关推荐、国家××机关专供、特供等借国家、国家机关工作人员名称进行宣传的用语。

(2) 严禁使用质量免检，无需国家质量检测、免抽检等宣称质量无需检测的用语。

(3) 严禁使用人民币图样（央行批准的除外）。

(4) 严禁使用老字号、中国驰名商标、特供、专供等词语。

（四）严禁使用点击××词语

严禁使用疑似欺骗消费者的词语，例如，点击有惊喜、点击获取、点击试穿领取奖品等文案元素。

（五）严禁使用刺激消费词语

严禁使用激发消费者抢购心理词语，如"秒杀""抢爆""再不抢就没了""不会再便宜了""错过就没机会了""万人疯抢""抢疯了"等词语。

以上摘抄了抖音平台部分禁用词，禁用词不断更新，主播还可以关注新广告法、《关于加强网络直播营销活动监管的指导意见》及中国广告协会发布的《网络直播营销行为规范》，时刻关注禁用词的变化。

七、直播侵权案例

中国消费者协会 2020 年开展了"网络直播侵害消费者权益类型化研究"，对其中侵害消费者权益的现象进行系统性梳理并予以类型化研究，归纳出七类网络直播销售中存在的侵害消费者权益行为的主要类型。以下摘抄相关案例，以供读者学习参考。

（一）案例 1：虚假宣传

某头部主播在电商平台直播间销售某品牌脱毛仪，后消费者在豆瓣、微博等平台集中反映该产品存在版本不一致的问题，实际收到的产品不是主播宣称的含蓝光消毒功能的版本。本案即"图文不符"的典型表现。相较于传统网络购物的图文详情，直播所展示的信息更为直观和概括，对于产品版本这类与产品功能直接相关的关键信息，主播应当在推荐产品的过程中予以重点说明并严格与所售产品保持一致。主播和商家在接到大量反馈后，最终同意消费者进行退换货处理，并给予一定数额的补偿金。

（二）案例 2：退货难

长春一位消费者通过某直播平台以 1000 多元的价格购得两件皮衣，收货后发现皮衣与直播间所展示的完全不一样。当消费者申请退款时，主播不仅没有同意，还将该消费者拉黑。在当地消协联系商家后，商家仍不承认产品系其销售。《侵害消费者权益行为处罚办法》第九条规定："经营者采用网络、电视、电话、邮购等方式销售商品，应当依照法律规定承担无理由退货义务，不得故意拖延或者无理拒绝。"消费者在直播中购买产品，除了某些特殊商品，如定制类、鲜活易腐类、数字化商品、交付的报纸、期刊等，都享有七天无理由退货的权利，主播不应逃避责任，拒绝退货。

（三）案例3：销售违禁产品

河北省唐山市市场监管综合执法局接到群众举报，某主播通过某直播平台销售野生动物，执法机关在对当事人突击检查中现场查获疑似国家二级重点保护野生动物红腹锦鸡12只、白腹锦鸡1只。我国《野生动物保护法》明确规定禁止出售、购买、利用国家重点保护野生动物及其制品。新冠肺炎疫情发生后，全国人大常委会又通过了关于全面禁止非法野生动物交易、革除滥食野生动物陋习、切实保障人民群众生命健康安全的决定。因此销售野生动物是严重违法并可能危害消费者身体健康的行为。随着线下监管力度的不断增加，违禁产品的销售出现利用监管漏洞悄然向线上销售转移的趋势，值得监管部门的关注和消费者警惕。

（四）案例4：利用"专拍链接"误导消费者

目前，某些网络直播电商违规利用"专拍链接"误导消费者，侵犯消费者合法权益的行为广泛存在，主要包括链接内缺乏商品详情介绍及所售商品和宝贝链接描述商品严重不符两个方面。

某电商平台在直播中就上架了此类链接。在这种情况下，主播通常只在直播间内通过语言介绍产品特性，然后告知消费者通过下方的"直播下单链接""直播专拍链接""×××号宝贝"等仅标注价格的链接进行支付。这些链接内不包含与所售商品相对应的详情介绍，即使消费者购买到的商品与主播介绍的商品一致，该链接仍属于违规的专拍链接。如果消费者使用主播提供的专拍链接，将导致消费者无法通过购买记录证明所购产品的指向，若主播删除直播回放或不保留回放，消费者在维权时将难以拿出相关证据证明双方交易的内容，自身权益将难以得到有效保护。

（五）案例5：诱导场外交易

消费者王某通过某直播平台，在许某直播间观看直播，通过直播指示添加许某微信，转账4000余元购买某款苹果手机。收货后，王某发现该手机为山寨机，要求退款时许某已将自己拉黑。此时，王某的购买行为已经变成是王某和许某之间的私下交易，直播平台仅提供了网络直播服务，并非合同相对人，其难以承担销售者或网络交易平台经营者的责任。若该实际购买的手机并非直播间推广的特定商标型号手机的，则该直播平台也不承担广告法意义上的相关责任。因此消费者在通过直播购买商品时要注意应使用由平台提供的交易方式，避免在主播的引导下采用微信、QQ等社交软件方式进行场外交易。

（六）案例6：滥用极限词

某主播直播时出现了"销量第一"等字眼，但其知道直接使用这类广告词是违反法律规定的，他将该类词汇制作成纸板再用红线划掉，还在直播中告知网友这些词汇是违反广告法的。尽管主播用红线划掉了极限词，但是这一行为间接地让公众注意到了有关词汇，仍然涉嫌违规。我国《广告法》第九条中明确规定广告不得使用"国家级""最高级""最佳"等用语，但在实际中，主播为了规避法律责任会将极限词进行替换，或者通过其他方式间接表达极限词，从本质上来说仍是使用极限词的表现形式。

（七）案例7：直播内容违法

2020年6月10日，网传"滴滴司机性侵直播"引发舆论强烈关注。最后却发现，这是一场营利直播行为。根据警方调查结果，网传视频中车某涛、邰某琦为夫妻关系，二人公开进行色情表演。两人并非滴滴司机，但以"滴滴司机、女乘客"为噱头吸引他人观看并牟利。2020年6月15日，滴滴出行正式起诉"性侵视频"表演者及其直播平台。网络服务提供者知道或者应当知道网络用户利用其网络服务侵害他人民事权益，未采取必要措施的，与该网络用户承担连带责任。

项目小结

电商直播如火如荼，进入门槛较低，从业者无数。然而，并不是每一个从事电商直播的人员都了解电商直播这个职业。当前，直播行业状况仍欠佳，有待进一步地管控。广告法、电子商务法、消费者权益保障法等均对电商直播违法违规行为进行了规定。与此同时，行业企业也纷纷出台了相关的管理规定。电商直播从业者需要全面深入地了解这些法律法规及管理规定，以免产生不必要的经济损失与对电商直播整体环境产生不良的影响。国内电商直播领域已存在大量的违法违规的案例，读者可以通过相关案例的学习，得到启迪，并在电商直播实践中积极、认真地践行直播相关管理规定。此外，网红主播对直播职业的认知颇有理论及实践价值，值得读者及打算进入电商直播行业者深入体味。

复习与测试

熟悉抖音直播平台相关管理规定，完成以下练习：

一、单选题

1. 主播开展抖音直播活动必须遵守（　　），如主播发生违规行为，平台有权视情节严重程度，根据违规行为及其相应违规等级对主播实施相应的处罚。

　　A. 用户协议　　　　　　　　B. 签约协议
　　C. 直播行为规范　　　　　　D. 无须遵守

2. 抖音直播违规等级一级中包含 10 条规范，对于发生一级违规的主播，平台将做什么处理？（　　）

　　A. 永久封禁主播账号或永久封禁开播，并保存相关违法违规资料
　　B. 平台将根据违规情节给予警告、断流或封禁开播权限（1 天到永久不等）等处罚
　　C. 平台将根据违规情节给予警告、断流或封禁开播权限（1 天到一周不等）等处罚
　　D. 看情况处罚

3. 抖音直播违规等级二级中包含 8 条规范，对于发生二级违规的主播，平台将做什么处理？（　　）

　　A. 永久封禁主播账号或永久封禁开播，并保存相关违法违规资料
　　B. 平台将根据违规情节给予警告、断流或封禁开播权限（1 天到永久不等）等处罚
　　C. 平台将根据违规情节给予警告、断流或封禁开播权限（1 天到一周不等）等处罚
　　D. 看情况处罚

4. 抖音直播违规等级三级中包含 7 条规范，对于发生三级违规的主播，平台将做什么处理？（　　）

　　A. 永久封禁主播账号或永久封禁开播，并保存相关违法违规资料
　　B. 平台将根据违规情节给予警告、断流或封禁开播权限（1 天到永久不等）等处罚
　　C. 平台将根据违规情节给予警告、断流或封禁开播权限（1 天到一周不等）等处罚
　　D. 看情况处罚

5. 抖音直播聊天过程中出现违规语言、不文明语言、不雅的表情攻击（呕吐、便便等）全部可以（　　）处理。

　　A. 无视　　　　　　　　　　B. 回应

C. 禁言　　　　　　　　　D. 看情况处罚

二、多选题

1. 对于发生抖音直播一级违规的主播，平台将永久封禁主播账号或永久封禁开播，并保存相关违法违规资料。以下哪些为一级违规？（　　）

　　A. 危害国家安全、泄露国家秘密、颠覆国家政权、破坏国家统一的、出现涉及军事秘密和军警制服类信息，或穿着国家公职人员制服直播的

　　B. 损害国家荣誉和利益的，或调侃革命英烈、革命历史

　　C. 煽动民族仇恨、民族歧视，破坏民族团结的

　　D. 破坏国家宗教政策，宣扬邪教和封建迷信的

2. 对于发生抖音直播二级违规的主播，平台格根据违规情节给予警告、流或封禁开播权限（1天到永久不等）等处罚。以下哪些选项为二级违规？（　　）

　　A. 展示行医行为、销售药品等任何关于医疗的直播

　　B. 直播未经授权的、未备案或含有低俗暴力内容的影视剧、电视节目、电台节目、游戏

　　C. 直播宣扬伪科学、违反公序良俗的内容

　　D. 直播中进行侵害或涉嫌侵害他人合法权益的行为

3. 对于发生抖音直播三级违规的主播，平台将根据违规情节给予警告、断流或封禁开播权限（1天到一周不等）等处罚。以下哪些选项为三级违规？（　　）

　　A. 着装暴露低俗、妆容不雅、语言低俗

　　B. 在直播中进行开车、抽烟、喝酒等危害生命健康的行为

　　C. 恶意发布广告，展示联系方式或以任何形式导流用户私下交易

　　D. 直播攀岩、跳伞、口吞宝剑等危险行为

4. 对于发生抖音直播三级违规的主播，平台将根据违规情节给予警告、断流或封禁开播权限（1天到一周不等）等处罚，以下哪些选项为三级违规？（　　）

　　A. 直播间图片、文字、昵称、头像、背景等含有违规内容，包括但不限于低俗色情、血腥暴力内容

　　B. 直播间图片、文字、昵称、头像、背景等含有违规内容，包括但不限于侵犯版权、广告等其他违规内容

　　C. 投资类直播，如讲解或引导投资房地产、股票、基金等

　　D. 直播中存在长期静态挂机，播放个人或他人直播视频回放等行为

5. 通用抖音直播审核规范有哪些？（　　）

　　A. 绝对不能涉政、涉教、涉黄赌毒、涉迷信等

　　B. 绝对不能说脏话或跟粉丝互怼抬杠对骂

　　C. 绝对不能在直播间展示二维码或口播其他社交软件账号引导非抖

音平台交流或资金交易

  D. 无限制

6. 抖音主播语言规范有哪些？（ ）

  A. 不要带"最"

  B. 不要说与"首/家/国"相关的词语

  C. 不要说与"级/极"相关的词语

  D. 不要说与"一"相关的词语

7. 抖音主播语言规范有哪些？（ ）

  A. 不要说与"品牌"相关的词语

  B. 不要说与"虚假"相关的词语

  C. 不要说与"权威"相关的词语

  D. 不要说与"欺诈"相关的词语

8. 抖音主播语言规范有哪些？（ ）

  A. 不要说与时间有关的词语

  B. 不要说夸大宣传、功效等词汇

  C. 可以设置抽奖活动

  D. 禁止抽奖行为

9. 抖音直播运营"雷区"有哪些？（ ）

  A. 开播时间不固定、随意下播

  B. 总是固定和某几个粉丝聊天，内容偏离直播产品

  C. 直播过程中网络不稳定或者环境音嘈杂，影响直播体验

  D. 直播产品介绍分布时间不均匀，主播控制时间能力差

  E. 移动直播过程画面抖动或远机位收音有干扰

10. 依据《抖音购物车商品分享社区规范》《直播平台商品分享社区规范》《抖音商品分享功能用户信用分管理办法》，其中涉及私下交易及导流行为相关判罚，包括但不限于（ ）。

  A. 违规视频仅个人主页可见

  B. 下架违规购物车

  C. 账号商品分享功能停用整改/永久关闭功能

  D. 主播违规警告提示

11. 依据《抖音购物车商品分享社区规范》《直播平台商品分享社区规范》《抖音商品分享功能用户信用分管理办法》，其中涉及私下交易及导流行为相关判罚，包括但不限于（ ）。

  A. 直播间商品下架

  B. 涉嫌违规内容直播中断封禁开播/永久封禁直播功能

  C. 永久封禁账号

  D. 依法追究法律责任

12. 抖音直播重点注意须知有哪些？（　　）

A. 主播在开播分享商品信息时，不得虚构商品来源背景（包括但不限于生产背景、销售背景等）

B. 主播在开播分享信息前应当详细核对商品，不得分享三无商品（即无生产厂家、无生产日期、无质量合格证的商品），不得分享资质等不合规的商品

C. 主播发布的活动或商品信息，不得与实际信息不一致（如活动名称、活动时间、活动规则、活动奖品、商品名称、商品描述、商品属性、商品价格等），进行不实、虚假、夸大宣传，误导消费者；不得通过借用热门话题、内容炒作、内容引导的方式，发布与实际商品或活动不相关的信息

D. 诱导/欺骗用户对直播进行点赞、收藏、分享，或对账号进行关注（如谎称"关注就能领红包"等）。

项目实训

1. 以某直播平台为例，上网搜索其直播行为规范。
2. 网络搜索网红主播直播案例，了解其对直播的看法。
3. 网络搜索与直播相关的最新法律法规。
4. 结合本项目中直播侵权案例所述内容，网络搜索直播侵权案例。
5. 以小组为单位，观摩商家进行袜子电商直播，寻找直播中存在的违法违规行为，并深入分析原因及对策。
6. 以小组为单位，讨论网红主播与在校大学生对直播认知的不同及其原因。

参考文献

[1] 人力资源社会保障部. 关于对拟发布新职业信息进行公示的公告[EB/OL]. http：//www. mohrss. gov. cn/SYrlzyhshbzb/zwgk/gggs/tg/202005/t20200511_368176. html，2021－02－04.

[2] 想要做好直播，一个主播需要具备哪些天赋？[EB/OL]. https：//www. zhihu. com/question/377850023/answer/1068960909，2021－02－04.

[3] 对面直播《主播规范手册》[EB/OL]. https：//ishare. iask. sina. com. cn/f/ubIydjda5d. html，2021－02－04.

[4] 李泽清. 网络直播：从零开始学直播平台运营[M]. 北京：电子工业出版社，2018.

［5］上海市消保委. 网络直播销售侵害消费者权益主要表现形式及案例分析［EB/OL］. https：//www.jinyongci.com/new/64.html，2021-02-04.

［6］陈慧娟. 直播内容触犯法律平台应该担责吗？专家这样说［EB/OL］. https：//www.chinacourt.org/article/detail/2020/09/id/5474435.shtml，2021-02-04.

［7］抖音直播规范&操作［EB/OL］. https：//ks.wjx.top/jq/90835745.aspx，2021-02-05.

［8］关于加强网络直播营销活动监管的指导意见［EB/OL］. http：//law.foodmate.net/show-205058.html，2021-02-04.

［9］网络直播营销行为规范［EB/OL］. https：//www.jinyongci.com/new/53.html，2021-02-04.

本项目课件

附　　录

附表　2020~2021 年国内袜子品牌榜

品牌名称	企业名称
BUXIN	诸暨市步鑫袜业有限公司
CAMEL 骆驼	骆驼（中国）户外用品有限公司
GUNZE 郡是	郡是（上海）商贸有限公司
HAD SOCKS	海宁汉德袜业有限公司
Let's slim	感圣（上海）贸易有限公司
MEIKAN 美看	浙江美看服饰股份有限公司
Philwo	诸暨市必元针织有限公司
ROBOT	诸暨市罗伯特针织有限公司
SEVENBOX	诸暨市思华袜业有限公司
ZEALWOOD 赛乐	上海禾沛贸易有限公司
阿帕杜尔 APEY	佛山市星洋泰织造有限公司
百炼 BAILIAN	浙江百炼工贸集团有限公司
宝娜斯 BONAS	浙江宝娜斯袜业有限公司
北极绒 Beijirog	北极绒（上海）纺织科技发展有限公司
蓓发来 BLF	浙江倍发来服饰有限公司
波塞顿 BOOST	浙江绣锦集团有限公司
博弈针织	浙江博弈针织有限公司
步人 Buren	浙江步人针织有限公司
晨暖 CHENUAN	诸暨市晨暖针织有限公司

续表

品牌名称	企业名称
大唐友利	诸暨市友利针纺织有限公司
丹枫 DF	海宁市丹枫针织有限公司
丹吉娅 DANJIYA	丹吉娅集团有限公司
迪芬娜 Divona	迪芬娜内衣（深圳）有限公司
蒂娜丝	浙江蒂娜丝针织有限公司
东方百富 OrientBefit	浙江东方百富袜业制造有限公司
方舟袜业 ARK	浙江方舟实业有限公司
飞怡达 FEIYIDA	浙江飞怡达针纺有限公司
芬那丝	浙江芬莉袜业有限公司
丰华袜业	中山丰华袜厂有限公司
富士亨	浙江富亨针织袜业有限公司
海象	海宁亚润袜业有限公司
汉保利罗 Hepolilo	浙江汉保利罗袜业有限公司
恒源祥	恒源祥（集团）有限公司
红枫 HongFeng	海宁市红枫针织有限责任公司
红辣椒	浙江红辣椒袜业有限公司
宏达	浙江新宏达袜业有限公司
华诚袜业	海盐华诚袜业有限公司
华尔特 WALTSOCKS	海盐华尔特针织有限公司
黄包车 RICKSHA	佛山市南海合兴袜业制衣有限公司
佳易袜业	诸暨市佳易袜业有限公司
嘉梦依 JMY	浙江嘉梦依集团有限公司
健将	广东金龙健将制衣有限公司
健盛 JSC	浙江健盛集团股份有限公司
娇纳儿 JAONAIER	上海娇纳儿针纺织品有限公司
蕉内 Bananain	三立人（深圳）科技有限公司
洁丽雅 Grace	浙江洁丽雅纺织集团有限公司
金考拉	上海金考拉服饰有限公司
金利来 Goldlion	金利来（中国）有限公司
金象纺织	平湖市金象纺织品有限公司
锦春 JINCHUN	义乌市锦春针织袜业有限公司
锦裕袜子 jinyu	浙江锦裕针织有限公司
康品	中山市康益保健用品有限公司

续表

品牌名称	企业名称
浪莎 LANSWE	浪莎控股集团有限公司
力国 REECO	力国企业发展（上海）有限公司
琳达	浙江琳达针织袜业有限公司
麻尚生	浙江麻尚生纺织科技有限公司
曼姿 MANZ	浙江曼姿袜业有限公司
梦娜 MENGNA	浙江梦娜袜业股份有限公司
米兰春天 MILANSPRING	浙江神力针织品有限公司
莫代尔 Madallo	北极绒（上海）纺织科技发展有限公司
耐尔 NAIER	浙江耐尔集团有限公司
南极	南极电商（上海）有限公司
奴多姿 LONADY	中山奴多姿纺织厂有限公司
欧威丝 OVS	浙江欧威袜业有限公司
乔百仕 J. BASCH	深圳汇洁集团股份有限公司
侨蒙 CHAIRMAN	上海侨蒙服饰有限公司
俏佳人	肇庆市俏佳人织业发展有限公司
情怡 QINGYI	浙江情怡针织有限公司
全棉时代 PurCotton	深圳全棉时代科技有限公司
润龙针织	诸暨市润龙针织有限公司
三枪 THREEGUN	上海三枪（集团）有限公司
三足 3ZU	上海足装企业管理有限公司
森威特 SENWEITE	浙江省诸暨市森威特针织有限公司
绅士袜业	义乌市佳益针织袜业有限公司
诗柔 SHIROU	义乌市金路达袜业有限公司
舒工坊 SOFU	浙江舒工坊针纺有限公司
双盛	双双集团有限公司
斯奇 SKYE	海宁威尔斯针织有限公司
天颜 TIANYAN	义乌市天颜袜业有限公司
通运针织	浙江通运针织有限公司
娃宝 wabao	广东娃宝实业有限公司
威娜丝 Vinner	浙江威娜针织有限公司
业鸿 YH	业鸿纺织品企业有限公司
伊嘉	诸暨市伊嘉针织有限公司
伊利达针织	海宁市伊利达针织有限公司

续表

品牌名称	企业名称
伊唯尔	湖州伊唯尔实业有限公司
依兰蝶	义乌市华邦服饰有限公司
怡婷 ETINA	浙江怡婷针织有限公司
屹步坊	浙江屹步袜业有限公司
永春 YONGCHUN	浙江永春科技股份有限公司
俞兆林	上海兆林实业有限公司
雨丝 YUSI	浙江雨丝袜业有限公司
圆梦	浙江义乌瑞元威利特袜业有限公司
缘锦针纺	诸暨市缘锦针纺有限公司
越立袜业	海宁市越立袜业有限公司
振汉 CHINEHIGH	浙江振汉袜业有限公司
振业	嘉兴振业针织有限公司
正元	浙江正元袜业有限公司
竹兰雅 ZHULANYA	建德市竹兰雅实业有限公司
姿多美 ZDOM	义乌市大盈袜业有限公司

注：排名不分先后顺序。
资料来源：MAIGOO 买购网（www.maigoo.com），文献获取时间：2021-02-01。